ジュニアのための
ラグビー食
Rugby Meal for Junior Players

海老久美子　監修

ベースボール・マガジン社

ジュニアのための
ラグビー食

Rugby Meal for Junior Players

海老久美子　監修

ベースボール・マガジン社

はじめに

2001年、主に成長期の選手を対象とした季刊誌「ラグビークリニック」が、「ラグビーマガジン」の別冊として発刊したばかりの頃、私の「ラグビー食」の連載がスタートしました。

当時、私は、京都の高校ラグビーチームの栄養サポートを始めたところ。ラグビーという競技の特性に合わせた食生活について考え、実践した結果を、その連載で紹介することで、さらに考察を深めていくことができていたように思います。

ぶつかり合いが当たり前のラグビーという競技では、体をしっかり作り、強くすることは、自分の競技力向上のためだけではなく、試合をする相手に失礼がないように、また、ケガをさせてしまうのではないかとの不安を相手に感じさせないようにするためでもあります。

つまり、体を作ることは、礼儀を重んじるスポーツであるラグビーにおいては大前提ということでしょう。

実際、成長期にあるラグビー選手たちは、増量を目的にたくさん食べようとします。そして、増量するための情報もそのまま丸ごと飲み込もうとします。でも、飲み込んだものすべてを消化吸収することはできません。

まず、自分の食べているものが何であるか、それをしっかりと確認できているでしょうか？　成長期のラグビー選手の多くは、増量を目指してたくさん食べようとするあまり、自分の口から自分の体の中に入れる食べ物に対して、かなり無防備のような気がします。

食の情報に関しても、本に「この食べ物がいい」と書いてあったからそのまま食べるのではなく、ひとつ一つの情報を頭で理解し、自分にとって必要な情報かどうかを考えてから食べてほしいと思います。

選手のみなさん、食べ物、食べ方に対するディフェンス、しっかりできていますか？

「ラグビークリニック」での「ラグビー食」の連載では、成長期の選手が理解しやすいように、ラグビー選手の季節ごとの生活に寄り添ったテーマを取り上げ、解説し、具体的な事例やメニューを掲載してきました。

本書は、「ラグビークリニック」が休刊になるまで続いた連載をブラッシュアップし、内容によっては、高校ラグビー選手やその指導者の話を聞き、新たに書き起こしたものです。

成長期のラグビー選手の食生活をサポートする実用本として活用してもらえるよう、私の研究室メンバーが考案、作成した「ラガーメンズ・レシピ」も追加しました。

なお、雑誌の連載では、年々増加している女子ラグビー選手の食事についても触れたことがありますが、本書ではページ数の関係で割愛せざるを得ませんでした。女子選手には、女子選手の食べ方がありますす。「女子部活食」（ベースボール・マガジン社）という本で、女子アスリートの食べ方の基本について書きましたので、まずはそちらを参考にしてもらえればと思います。今後さらにみなさんの頑張りで、女子選手がますます増えて、いつか「女子ラグビー食」という本を作ることができたら、と思います。

最後に、本書の作成にあたり、連載スタートから最終回まで一緒にわくわくしながら紙面を作ってくださった、「ラグビークリニック」編集部のみなさまと、苦労しながらあきらめずに本書を一緒に作ってくださったすべての方々に、心より御礼を申し上げます。

海老　久美子

ラグビー食　目次

第2部　腹にスクラムトライ！　ラガーメンズ・レシピ…133

夏：体作りシーズン　ガッツリ食べて増量しよう…169

秋・冬：コンディショニングシーズン　疲労回復、ケガ・風邪・貧血予防に…190

Chapter
1

第1部

ラグビー食

食生活の改善にトライ！

try 01

ラガーマンの目指す体を知る

ラグビー魂の宿った体を作り上げろ。

☑ラガーマンには、体を作る責任がある

最初の3つの章では、きっとみんながすぐに知りたいであろう、どんな食べ物を食べればいいとか、どの栄養素をたくさん摂ればいいという話はほとんどしない。なぜなら、「ラグビーをする体」と「そのための体作り」について、しっかりと考え、知ってほしいからだ。

ラグビーをするからには、ラグビーができる体を作る責任がある。

ちょっと厳しいことのように聞こえるかもしれないが、ボディコンタクト、つまり体の接触が伴う競技は、接触に耐えられる体があって初めてフィールドに立つことができる。

特に、ラグビーの場合は、接触どころか、相手からの全力の体当たりに耐えられなければならない。その体がなければ、ケガもするし、時には命に関わることもある。

ラグビー選手の体は、敵を攻めるためだけでなく、自分を守るための体でもあるのだ。体

作りに関しては、本当に真剣に考えてほしい。

その上で、目指すのは「動ける強い体」。

世界と戦えるレベルになってきた日本のラグビー界において、フォワードはとにかく重いことが第一、バックスは機敏なことが最優先という考えは通用しない。

すべてのポジションの選手が、タックルに耐える強さを持ち、前後左右に動け、走れることが前提。これに加えて、スクラム力、キック力、スピードなど、ポジションに即した役割なりのスキルが求められる。

だから、とにかく量を食べて、ひたすら増量すればいいというものではないのだ。もちろん、強い体を作るために、ある程度の脂肪と必要充分な筋肉をつけていくわけだから、帰宅部や文化部の友だちよりは体重は重くなるはずだ。でも、それはラグビーをする体を目指した結果の増量で、暴飲暴食の結果ではない。

☑ 食べることへの意識を高める

では、ラグビーをするための動ける強い体とは、具体的にどんな体だろうか。目に見える実像があれば、自分の目指す体がイメージしやすいはずだ。

中身はともかく、外観だけでも知るには、雑誌などで自分と同じポジションのトップ選手の体つきをチェックしてみるのもひとつの方法。

人間は、ひとり一人で骨格も体質も違うので、トップ選手の体型を目指したところでまったく同じ体にはなれない。でも、体のバランスや、どこが太くてどこには肉がついていないとか、大まかな目安にはなると思う。そして、少なくともしっかり食べなければ、近づくこともできないことがよく分かるはずだ。食べることへの意識が高まるはずだ。

トップ選手の体型にすぐに近づくのは難しいということは分かると思うが、チームメイトの中に、どんどん逞しくなっていく選手がいると、焦ってしまうかもしれない。繰り返すが、人間は、ひとり一人で骨格も体質も違う。どんなに食べても太れない選手もたくさんいる。自分の体質を見極め、それに合った体作りを目指すことも必要になってくる。それも、食べることの大切さを自分で意識できるようになり、ラグビー選手としての体作りを実際に始めてみなければ分からないことだ。

ラグビーをする体を作るためには、食事が重要だということを意識できれば、「ラグビー食」の最初のステージはクリアできたと思っていい。それくらい、意識するというのは大切なことだ。何となくそんな感じがするではそれで終わってしまうが、大切さを意識できれば、その意識や知識をどう活かしていこうか次の段階を考えることができる。だから、この本の最初の3つの章は、その意識づけのためのものにしている。

ここまで読み終わったみんなは、ラグビーの試合で言えば、やっとフィールドに立てたところ。キックオフまでは、まだもうちょっと意識の強化が必要だ。

Water Break

食べる時の言葉を大切にしよう

いただきます！　ごちそうさま！　ちゃんと言えているだろうか。これらの言葉は、冗談めかして使う場合をのぞけば、ほぼ食事の時だけの言葉だ。食事の始まりと終わりのけじめをつけて、自分がものを食べることを意識できる貴重な言葉でもある。

おいしいと感じたら、ひっそりと噛みしめていないで、「これ、おいしいね」と声に出して言ってみよう。倍はおいしく感じるはずだ。その言葉を聞けば、作った人もうれしいし、もっとおいしいものを作ろうという気持ちにもなる。

食事と関係のない話に夢中になるのはよくないけど、食べた気持ちを表現することは、食事に集中している証拠だ。

try
02

体は食べたものから作られる

体は、食べ物が作り出した作品なのだ。

☑ 成長期の体の分も栄養を摂る必要がある

人間の体は、食べたものでできている。食べたものというのは、口から体の中に取り入れたもののことだから、飲み物も含む。

動物も餌がないと、植物も養分がないと成長しないし、だいたい生きていられない。生き物だけではない。成長はしないとはいえ、どんなに高性能な自動車も、ガソリンや電気がなければ走らないどころか動かない。電車も船も飛行機も同じ。

体は食べたものから作られるなんて当たり前のこと、よく分かっていると言う人もいるかもしれないが、みんなが本当に分かっているなら、朝ごはんを食べなかったり、甘いものやスナックばかりつまんだり、好きなものばかり食べたり、コーラやサイダーをガブ飲みしたりはしないはずだ。

ラグビーというスポーツは、**トライ01**でも書いた通り、ハードなスポーツだ。生半可な体力でできるものではない。１００ｍ近くを全力で走ったり、ステップを踏みながら柔軟かつ最速で前進したり、タックルをしたり受けたり、ボールを蹴ったり追っかけたりしながら、高校生であれば、前後半30分＋ロスタイムを戦い続けなければならない。それに耐えられる体を食べ物から作り上げるわけだ。

しかも、特にみんなの世代、中高生だと、成長期のまっただ中。見た目で分かるほど身長が伸びるのはもちろん、内臓も骨も細胞も、体中のすべての部分が日々成長している。体ができ上がった大人以上に、量と質が伴った食事をしなければならないことはすぐに分かるだろう。

☑「これだけでＯＫ」がないから、工夫が活きる

だから、みんなの場合、体を成長させる分に加え、ラグビー選手としての体作りの分の栄養を食べ物から摂らなければならない。運動をしない友だちとは、食べるものも食べる量も違うのが当たり前なのだ。

栄養素の名前など細かい話はあとでしっかり説明するので、ここでは、食べ物と体の関係をおおまかに押さえておこう。

米やパンや麺類のような主食は、体や頭を働かせるためのエネルギー源になる。エネルギー源が少なければ、いわゆるスタミナぎれを起こしてしまう。

肉や魚や卵や乳製品、豆類などは、筋肉や、髪の毛や爪を含む細胞などの材料になる。体作りという点では、非常に大切な食べ物だ。しっかり食べないと、いくらトレーニングをしてもラグビーに必要な筋肉は手に入れられない。

野菜や海藻やきのこ、そして果物などは、他の食べ物から摂った栄養素をうまく使えるようにサポートする役割を担う。例えば、エネルギー源を実際に使うためのエネルギーに効率よく変換したり、他の栄養素の吸収をよくしたりする。

このように食べ物は、味や見た目の違いだけではなく、働きや役割が違う。だから、体をデカくするからとにかく食べなきゃと、茶碗に山盛りのごはんをかき込んだり、肉ばっかりたくさん食べてもダメなのだ。学校帰りにお菓子を買い食いして、夜ごはんがあまり食べられないというのもダメなのだ。

いろいろな食べ物を食べて、それぞれの食べ物の力を引き出すことが大切。いろいろな食べ物が一丸となって、みんなの体を作ってくれるのだ。

牛は牧草だけを、ペットはペットフードだけを食べていれば生きていけるが、人間には、「これだけ食べていればＯＫ」という食べ物は存在しない。だから、ちょっと食べ物の選択に注意したり、食べ方を工夫したりすれば、ライバルに差をつける体作りができる。

最後にあらためて頭に叩き込んでおこう。自分の体は自分が食べたものから作られる。

Water Break

クチコミ情報を鵜呑みにしない

テレビやインターネットには、食べ物や健康の情報があふれている。チーム内でも、これを摂るといいらしいとか、疲れがすぐに抜けるとか、いろいろなクチコミが流れていることだろう。

もちろん正しいこともあるけど、何の疑いもなく信じて手を出すのはあまりにも自分に対して無防備。その「いいらしい」ものを口に入れるのは自分なのだ。普通の感覚なら、自分がまだよくわかっていないものを自分の体の中に入れるのは気持ち悪いと思うはず。

自分に必要そうと思ったなら、まず自分でしっかり調べてからにしよう。情報を鵜呑みにするのではなく、よく噛み砕いて吟味してからでも遅くはない。

try 03

食べるためにも体力は必要

その体は、食べる力を持っているか。

☑ 食べられなければ始まらない

食べる体力はあるだろうか。

こう聞くと、えっ、食べるのにも体力なんているの？　と思うかもしれない。おそらくみんなは、体力とは、ラグビーなどの運動をするための力のことだと考えているのだろう。

特に寒い時期に分かりやすく感じると思うが、ものを食べると体が熱くなる。実際、食事を摂ったあとは、代謝量が増え、エネルギーが消費される。専門用語では「食事誘発性熱産生」と言うのだが、ものを食べるだけで消費エネルギーは増える。だから当然、食べるのにも体力は必要になってくる。

どんなものを、どのように、どれくらい食べるかに目が行きがちだが、すべては、食べる体力がちゃんとあることが大前提。食べられなければ、始まらないからだ。

例えば、いくら食べても増量できない選手が時々いる。きっとみんなの中にもいるはずだ。

この原因の多くは、食べたものを内臓がしっかり消化吸収できないことにある。食べ物は、消化吸収されることで、体の栄養となり、体の各部を作り上げる。消化吸収がうまくいかなければ、もったいないことに食べたものの多くが栄養にならないまま排泄されてしまうことになる。

しっかり消化吸収できる内臓を持っているのが、食べる体力があるということだ。

また、ちょっと暑くなると食べられない、試合の前は緊張して食べられないなんていう選手も、食べる体力がついていないことが考えられる。

指導者によっては、食事合宿という名の食べることをメインテーマにした合宿を行う場合がある。これは、選手に、食べるためにも体力が必要なのを体感させ、食べる体力をつけることを主な目的とする。

☑ 食べる体力は、体幹の強化から

食べる体力も、体を動かすための体力と同じく、すぐに身につくわけではない。足りない選手は、少しずつ養っていくようにしたい。

食べる体力を養うには、まず、よく噛むこと。噛むことは、食べ物が喉を通りやすくするためだけではない。口の中で小さく砕くことで、口の中にある段階から栄養素を吸収し始め、さらに内臓での消化吸収をしやすくするのだ。

丸飲みのような状態では、内臓での消化吸収に無駄な時間がかかってしまうし、消化吸収しきれないまま出口に向かってしまうこともある。いわゆる消化不良の原因となり、内臓に負担がかかる。これでは、食べる体力は養われない。食べ物を口に入れたら、しっかり噛むことを頭で意識しよう。

そして、体幹を強化する。ラグビーをするなら、腹筋を鍛えようとしているとは思うが、腹筋を含めた腹まわりの体幹が弱いと、内臓が下の方に垂れやすくなり、消化吸収能力に悪影響を及ぼす。特に、人間は、二本足で立って生活をするので、内臓は引力で下に引っ張られる状況にある。

胃下垂は、胃が通常の位置より下に下がってしまう状態のことだが、腹まわりの筋肉が弱いとなりやすいようだ。いくら食べても太れない人は、この疑いもあると言われる。胃が正しい位置になければ、本来、胃が持っている消化吸収能力が弱ってしまうのだ。内臓の位置をがっちりキープするためにも体幹を強化しておこう。

腹筋を直接鍛えられるトレーニングはもちろん大事だが、普段から正しい姿勢を取ることも体幹部の強化につながる。立った時に猫背になっていないか。コンビニの前で、スマホを見ながらうつむき加減でお菓子をかじっていないか。食卓のイスにおなかをへこませてへナっと座っていないか。

食べ物の向こう側には、必ず食材を育てた人と料理を作った人がいる。食べる側としても、腹を据えてかかりたい。

Water Break

食べる姿勢で食べる量も変わる

ある高校ラグビーチームの監督から、こんな話を聞いたことがある。食事の時に、選手が茶碗をテーブルに置いたまま口で迎えに行って食べていた。そうすると、口と茶碗の距離が長いので、たくさん箸で取ると口に持ってくるまでに落ちてしまう。少なめに取らなければならないので、口に運ぶ回数が増え、時間もかかり、大した量でもないのにたくさん食べた気になってしまう。なので、ちゃんと茶碗を口のそばまで持っていって食べるように指導したそうだ。

食べる姿勢を整えることは、食べる量にまで影響するのだ。前屈みになるのは、スクラムの時まで取っておこう。

try 04

たんぱく質の真実と摂り方のコツ

たんぱく質に淡白になるな。

☑ たんぱく質とはアミノ酸の集合体

　ここからの3つの章は、たんぱく質、糖質、脂質という人間に欠かせない三大栄養素の話になる。耳慣れない単語ややややこしい説明も出てくるので、「とりあえず何を食えばいい?」という選手は飛ばしてもいい。でも、せっかくこの本を手にしたのだから、あとから戻ってきてもいいので、1回は読んでほしい。何を食べればいいかの根拠がよく分かるはずだし、食べ物への理解も深まるはずだ。

　最近では、スポーツをしていれば小学生でも「たんぱく質が大事」ということを知っている。特に、筋肉量を増やして増量したいアスリートは、いかにたんぱく質を効率よく、そしてたくさん摂るかに注意を払っている。ラグビー選手もそうだろう。中には、ほとんどそれしか考えていないようなアスリートもいる。

でも、たんぱく質ってどんな栄養素か、どんな特性があるかを知っているだろうか。

すごく簡単に言ってしまうと、たんぱく質は人間の体の材料。みんなが気になる筋肉の材料であることはもちろん、髪の毛、皮膚、臓器、そして血液もたんぱく質が主原料だ。

こう聞けば、スポーツをやっていようがいまいが、人間にとってたんぱく質がどれほど大切かが分かるだろう。人間自体の材料なのだから。

人間の体は、たんぱく質を主原料にしてできているが、では、たんぱく質は何でできているだろう。答えは、アミノ酸。みんなは、もちろんアミノ酸という名前を知っていると思うが、アミノ酸とたんぱく質は別のものではなく、アミノ酸は、たんぱく質を構成する栄養素なのだ。ここはごっちゃになりやすいので、頭の中で整理しておこう。

アミノ酸の数は、約20種類。わざわざ「約」をつけるのは、ほとんどのたんぱく質は、20種類のアミノ酸の結合でできているが、例外もあるからだ。ここでは、例外には踏み込まず、この20種類あるアミノ酸のいくつかがつながってたんぱく質になると理解できれば十分。一言でたんぱく質と言っても、このアミノ酸のつながり方や、つながる種類によって性質には違いが出てくる。

なるべくみんなに分かりやすいように説明するために、ちょっと強引だが、ラグビーに例えてみよう。

選手ひとり一人がアミノ酸の種類のひとつだとする。フォワード8人がスクラムを組んだ形のたんぱく質もあれば、バックスまで含めた15のアミノ酸がつながった形のたんぱく質もある。フォワードだけで押していく戦法もあれば、バックスまで展開する戦法もあるように、アミノ酸のつながり方で、たんぱく質の性質も違ってくるというわけだ。

そして、選手ひとり一人に得意分野があるように、アミノ酸も、種類によって得意とする作用がある。

☑ 9つの必須アミノ酸がポイント

「たんぱく質は、いくつかのアミノ酸がつながってできているもの」ということをしっかり頭に入れた上で、もう少し、アミノ酸の世界に足を踏み入れてみよう。

20種類のアミノ酸の名前をすべて覚える必要はない。チェックしたいのは、その中の9種類。イソロイシン、ロイシン、リジン、メチオニン、フェニールアラニン、スレオニン（トレオニン）、トリプトファン、バリン、ヒスチジンだ。すべての名前を暗記しろとは言わないが、できればこの名前を聞いた時に、「確かアミノ酸だったな」と思い出せるくらいにはなってほしいと思う。

なぜこの9種類だけ取り上げるかというと、他の11種類は、体内で作り出せるのに対し、これら9種類は人間が体内で合成して作り出すことができないアミノ酸だからだ。つまり、食べ物から摂るしかない。
作り出せる11種類のアミノ酸は、非必須アミノ酸と呼び、作り出せない9種類は、必須アミノ酸と呼ぶ。間違えないでほしいのは、どちらも大切なアミノ酸である点には変わりないこと。非必須という名前でも、不必要というわけでは決してない。

必須アミノ酸には、大きな特徴がある。それは、9種類のすべてが一定量ちゃんと揃っていないと、効率よく利用できないということ。食事をして9種類のうち8種類が充分な量を摂れたとしても、例えば、充分な量を10とした時にヒスチジンだけが4くらいしか摂れていなかったとすると、せっかく10摂ったはずの他の8種類の必須アミノ酸も4ずつしか利用されなくなってしまうのだ。「アミノ酸の桶」として知られている下の図1を見れば、よく分かると思う。アミノ酸も、ラグビー同様、チームワークが大切なのだ。

だから、体を作るためにたんぱく質をガツンと摂ると決めたなら、やみくもに

図1 アミノ酸の桶

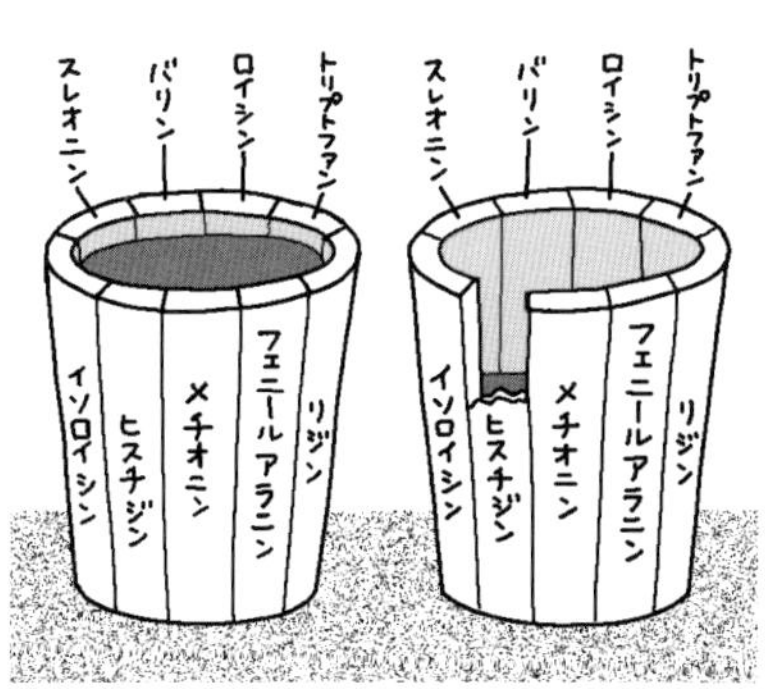

米のアミノ酸バランス

必須アミノ酸がすべて桶に1杯分あると、すべての必須アミノ酸が桶1杯分使えるが、ひとつでも足りないと、足りているアミノ酸も足りない分しか使えなくなってしまう

アミノ酸を摂ればいいというわけではなく、アミノ酸全体のバランスを考えてたんぱく質を摂った方が効率的と言える。

☑たんぱく質は分割して量を確保する

だったら、9種類の必須アミノ酸がすべて過不足なく含まれている食べ物を摂れば手っ取り早いと考える人もいるだろう。ありがたいことに、ちゃんとそういう食べ物があるのだ。食べ物に含まれる必須アミノ酸の比率を評価した指標がアミノ酸スコア。アミノ酸スコアが100の食べ物は、9種類の必須アミノ酸がすべて充分に含まれているということになる。

では、アミノ酸スコア100の食べ物とはどんなものか。

まず、卵、牛乳、ヨーグルト、納豆。このあたりは、いかにも「体にいいもの」という感じがする食べ物。そして、肉では、鶏、豚、牛、馬など。魚では、鮪、鯵、鰯、鮎、鮭など。アミノ酸スコア100だからといって、特別な食べ物などではなく、普通に食べているものからも、アミノ酸は結構効率よく摂れている。普通の食事をないがしろにはできないのだ。

アミノ酸スコア100の食べ物は、おなじみのものが多いとはいえ、毎日3食ずっと食べ続けるには数が限られる。だいたい、日本人の主食のメインである米は、精白米でアミノ酸スコア65だ。パンや麺類の原料である小麦はもっと低い。

米のアミノ酸スコアが低い理由は、必須アミノ酸の中のリジンが少ないこと。みんなの食事の形を考えてみよう。米のごはんだけ食べることはない。茶碗の横にはいつもおかずがある。茶碗の中にある場合もあるが。

日本人の、特に朝食のひとつの典型に納豆ごはんがある。納豆などの大豆製品は、米に少ないリジンが多い。そのおかげで、納豆ごはんというひとつの食べ物で見ると、アミノ酸スコアはほぼ100になる。納豆ごはんは、おいしいだけではなく、ちゃんと意味がある食べ方と言える。

1回の食事でいろいろな食材を食べた方がいいのは、アミノ酸スコアを100に近づける意味もある。つまりは、体にうまくたんぱく質を取り入れることができるのだ。これが分かれば、とにかく1食でごはんを3合食べていればいいというものじゃないことは分かるだろう。

たんぱく質には、もうひとつ覚えておきたい特徴がある。

摂り溜めができないのだ。1回の食事でどっさり摂ったとしても、体はそのすべてを体の材料には使えない。それに大量のたんぱく質を摂り続けると、肝臓に負担がかかり、肝機能障害を起こす可能性もある。プロテインを常用している選手は気をつけてほしい。

目安は、1日3食の各1食で必要な量の1/3ずつ摂ること。3食で足りなくなりそうなら、補食でフォローする。1回にたくさん摂ってあふれさせてこぼしてしまうのではなく、何回かに分けて体にじっくり染み込ませていくイメージと言えば、少しは分かりやすいだろうか。

そして、体に取り入れたたんぱく質を、体にとってより有効に利用する秘訣がひとつある。寝ることだ。成長期のみんなの体は、夜、寝ている間に成長ホルモンを分泌し、細胞の修復と成長を行う。摂ったたんぱく質を体に活かすためには、成長ホルモンが分泌される時間をしっかり作ること。十分な睡眠時間を確保することだ。寝るラガーマンは育つ。

Water Break

牛・豚・鶏。同じ肉類でも個性がある

ラグビー選手に限らず、アスリートは、肉が好きだ。体がたんぱく質を求めているからなのかもしれない。

日本で一般的に食べられている肉は、牛、豚、鶏だろう。もともとの見た目がまったく違うように、同じ肉類に分類されていても、味もまったく違うし、料理法にもそれぞれの得意なスタイルがある。そして、あまり意識しないかもしれないが、含まれる栄養素にも違いがある。

3種類の肉を比べると、牛は鉄、豚はビタミンB_1が多く、鶏は皮周辺をのぞけば脂肪が少ない。鉄欠乏貧血（アスリートは、男子にも多いので注意）への対策には牛。疲労回復には豚。体脂肪をコントロールしている最中なら鶏と、たんぱく質以外にどの栄養素を強化したいかで肉の選び方も工夫ができる。

try
05

糖質の正体と働きに迫る
糖質を甘く見てはいけない。

☑ 炭水化物、糖質、糖類を整理する

たんぱく質は、人間の体の材料だったが、糖質は、エネルギー源となる。

体を動かすためのエネルギー源であるとともに、頭を働かせる脳のエネルギー源でもある。体を動かすためには、糖質がもっとも優秀で使いやすいエネルギー源であるが、状況によっては、たんぱく質や脂質もエネルギー源にすることができる。しかし、脳は糖質しかエネルギー源にできない。糖質をしっかり摂ることは、勉強はもちろん、考えるラグビーをするためにも非常に大切なのだ。

その糖質とは何だろう。

さすがに、糖とつくから甘い物と答える人はいないだろうが、エネルギー源としてみんながよく聞くだろう名前の中にも、糖質、糖類、糖分と、糖がつくものだけでこれだけあるし、

さらに、エネルギー源の関係では、炭水化物、でんぷん、グリコーゲンなんていうのも出てくる。これらがごちゃごちゃになっている人もきっと多いと思う。

　せっかくこの本を手に取ったのだから、ラグビー選手の大切なエネルギー源となる糖質をしっかり把握しておこう。筋力トレーニングをする時も、鍛えている筋肉の部位を意識することでトレーニング効率が上がるのと同じく、糖質をしっかり理解できていれば、エネルギー源確保の効率も上がるはずだ。

　図2を見てみよう。まず、一番大きな枠として、炭水化物がある。そして、炭水化物は、一般に糖質と食物繊維の両方を指す。つまり、糖質とは、炭水化物の一部なのだ。炭水化物のうち、食物繊維はエネルギー源にはならないので、「エネルギー源として炭水化物を摂りましょう」というような表現は、要するに「エネルギー源の糖質を摂りましょう」と言っているのと同じことと思えばいい。

図2 炭水化物の構成と糖質の種類

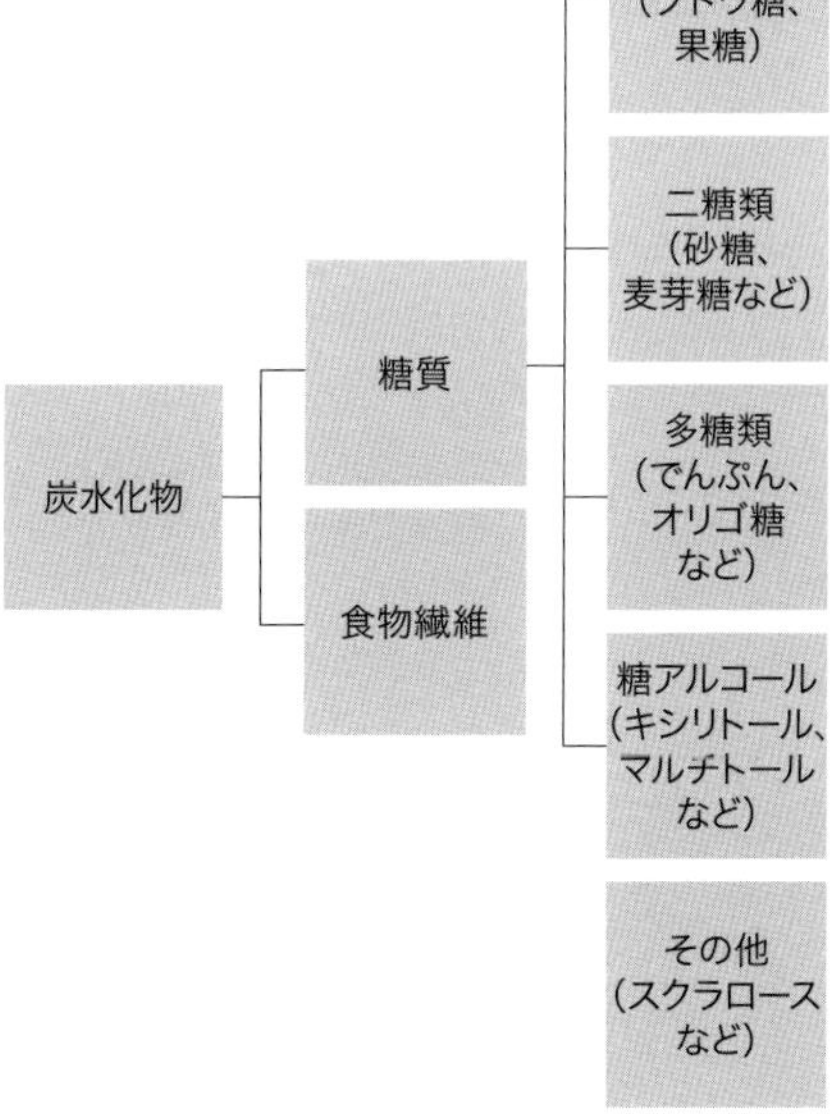

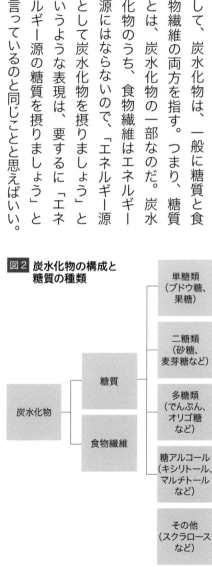

肝となる糖質をもう少し詳しく見ていこう。

糖質にも種類がある。分子がひとつだけの単糖類、分子がふたつつながった二糖類、そして、分子が3つ以上つながった多糖類に分類される。このうち、単糖類と二糖類を糖類と呼ぶ。これが糖類の正体だ。つまり、糖類は、糖質の構成成分ということになる。ちなみに、でんぷんは多糖類のひとつ。米、小麦、とうもろこし、いも類に含まれる糖質だ。

糖分という言葉は、よく聞くし、使うこともあるだろうが、実はこの糖分だけは栄養素的な定義はない。「糖分を控えよう」とは、だいたいが糖質だったり、炭水化物を控えようというくらいの意味と思っていい。

そして、ごちゃごちゃしていた名前の最後のグリコーゲン。これは、スポーツに関わる場面でよく耳にする。グリコーゲンとは、単糖類のブドウ糖を人間の体内で貯めておける形にしたもののこと。人間の体内に貯蔵でき、エネルギー源となる多糖類で、肝臓で合成され、肝臓や筋肉に貯蔵されている。

多糖類という意味では、でんぷんと同じ種類だが、グリコーゲンは独特な、そしてアスリートにとって重要な働きを持っている。肝臓に溜められたグリコーゲンは、血糖値の調整やエネルギーの生成のために働き、筋肉に溜められたグリコーゲンは、筋グリコーゲンとも呼ばれ、筋肉を動かすエネルギー源として使われる。筋グリコーゲンの貯蔵量には限りがあるが、これをいかに溜めておけるかが粘り強さやスタミナに影響する。

聞いたことがある選手も多いと思うが、カーボローディング（グリコーゲンローディング）というのは、筋グリコーゲンをなるべくたくさん溜められるようにする方法だ。

☑糖質は種類によって時間差で吸収

なじみのない名称がここまでいろいろ出てきてややこしく感じているかもしれないが、関係性や内容は割とシンプル。頭の中で整理しながら読めば、それほど難しくないと思う。もう少しエネルギー源の核となる糖質に迫ってみよう。

まず、単糖類だが、分子がひとつだけという単純な構造をしているので、それ以上分解する必要がなく、素早く消化吸収ができるエネルギー源だ。いわゆる「即効性のあるエネルギー源」と言える。ブドウ糖や果糖が単糖類の仲間だ。

分子がふたつつながった二糖類は、つながった分子をひとつずつに分解するという段階が加わる分、単糖類よりも消化吸収にちょっとだけ時間がかかる。砂糖の主原料のしょ糖や水あめの成分の麦芽糖が二糖類。

ここまで読めば、分子がふたつ以上つながった多糖類は、単糖類、二糖類よりも消化吸収に時間がかかることが分かると思う。多糖類は、みんなもよく知っている食べ物が含まれる。白米、麺類といった小麦製品、豆類などだ。

消化吸収に時間がかかるとは、簡単に言い換えれば、消化が悪いということで、よくないイメージを持つかもしれない。しかし、実は、この消化の悪さが多糖類のメリットでもある。腹持ちがいいということだからだ。そして、エネルギー源として利用できるまでに時間がかかるのであれば、それは試合の後半で使えるエネルギーになってくれるということでもある。土壇場で頼りになるエネルギー源なのだ。

このように、一言で糖質と言っても性質は違う。だから、瞬発系の競技であれば、試合前に単糖類の多いものを摂ると、短い競技時間の中で効果を発するエネルギー源となり、持久系の競技の場合は、多糖類をメインに摂ることで長い競技中も持続してエネルギーを得られる。

ラグビーの場合は、試合前の食事として多糖類を補給、試合直前に単糖類を補給というのが糖質補給のひとつの目安となる。ただ、人それぞれで消化吸収能力に差があるし、その日のおなかの調子というのもあるので、練習時などでいろいろなパターンを試し、自分に合った糖質補給法を見つけてほしい。

☑朝ごはんを抜くと筋肉は分解される

最後に、グリコーゲンについて、もう少し詳しく知っておこう。

食べ物から摂った糖質の中でブドウ糖まで分解されたものは、体内の細胞でエネルギー源として消費されるが、そこで消費しきれずに余ったものがグリコーゲンとして貯蔵される。しかし、貯蔵できる量は無限ではなく限りがある。それに、鍛えて増やせるものでもない。その貯蔵量は、筋肉で約1200kcal、肝臓で約350 kcalと言われている。

糖質を摂り過ぎて、エネルギーとしては消費できず、この貯蔵量を超えてしまった分は、中性脂肪となる。中性脂

肪になってしまうと、グリコーゲンに戻すことはできない。一方通行なのだ。糖質を摂り過ぎると太ると言われるのは、こんな理由もある。

肝臓に溜められたグリコーゲンは、アスリートが気になる筋肉の動きには直接関係しないように思えるが、実は深い関わりがある。

肝臓のグリコーゲンは、貯蔵量に限りがあるだけでなく、貯蔵しておける時間にも限りがあり、13時間でほぼ完全に枯渇すると言われている。貯蔵量が減ってくると、体のシステムは、完全に枯渇してしまうまでに、筋肉を分解してブドウ糖に変え始める。

これはよく考えると、すごく怖いことだ。例えば、夕ごはんを食べて眠ると、睡眠中にも肝臓のグリコーゲンは使われて減り始める。血糖値を維持するために必要だからだ。朝起きて、バタバタして朝ごはん抜きなどとなると、昼ごはんまでの間、筋肉は分解され続けることになってしまう。

筋肉を強化しようと、たんぱく質を頑張って摂っても、糖質をうまく摂っていないと、筋肉強化どころか筋肉が分解されてしまうハメにもなりかねない。

通常の食生活では、食事と食事との間の時間が一番空いたあとの朝ごはんをちゃんと食べるのが、体作りにつながっている。これが分かれば、時間がなくても、食欲があまりなくても、朝ごはんを抜こうと思うラグビー選手はいないはずだ。

Water Break

エナジードリンクはエネルギー源か

ひと昔前までは、エナジードリンクは疲れたおじさんの飲み物だったが、今では普通にコンビニに並び、小学生さえも飲むような手軽なものになった。

多くのエナジードリンクは、カフェイン、アルギニン、タウリン、ビタミンB群など、覚醒作用、血流の改善作用がある成分を含むことでこの種に分類される。それぞれの成分に、そのような作用があることは間違いない。気になるのは、含まれる糖分の量だ。一般的なエナジードリンクで、100mlあたり11gの砂糖が含まれている。250ml缶なら27.5gの砂糖。1個4gの角砂糖なら約6.9個分も含まれているのだ。日常的に利用するならば、吸収が速い単糖類の砂糖を一気にこれだけの量を摂るのは多い。本文に書いた通り、消費されず、グリコーゲン貯蔵量も超えた分は、中性脂肪になることをお忘れなく。

そして、カフェインであれば、お茶やコーヒー、アルギニンはナッツ類、タウリンはたこやイカの魚介類などから普通に摂れる成分であることも覚えておこう。

脂質の特性を理解する

脂質を味方にすれば一人前だ。

脂質は摂る必要がある

脂質には悪者のイメージがある。確かに、脂質の摂り過ぎは生活習慣病の原因となるし、体についた余分な体脂肪はアスリートのパフォーマンスに悪影響を及ぼす。しかし、その一方で、脂質は立派な栄養素でもある。前述のたんぱく質、糖質とともに「三大栄養素」と呼ばれる。

脂質には、人間が体内で作り出せず、食べ物から摂らなければならない必須脂肪酸も含まれている。だから、脂質を摂らなければいけないのだ。排除することばかり考えていた選手は、ここを肝に銘じておこう。

糖質の場合と同じく、脂質にも一般の人が混乱しやすい名前の違いがあるので、まずはそこを整理しよう。脂肪と脂質の違いだ。

☑効率のよいエネルギー源となる

脂肪は、動植物に含まれる栄養素のひとつで、一般的には中性脂肪を指す。脂質は、人間など生体の構成成分のひとつ。脂肪も脂質の中に含まれ、コレステロールや脂肪酸も脂質の仲間だ。食品の栄養成分表示は、中性脂肪だけではなく、コレステロール、リノール酸、オレイン酸などの脂肪酸も含んでの数値なので、脂肪ではなく、脂質で表示されている。この本では、体につく体脂肪や皮下脂肪は「脂肪」で、食べ物から摂る脂肪をメインにした栄養成分を「脂質」と呼ぶことにする。

さて、脂質にもいろいろな種類があるのだが、それはこの章の後半でゆっくり読んでもらうとして、まずは脂質の悪者イメージを払拭しておく。きっと見直すはず。

脂質の大きな特徴は、1gあたり約9kcalのエネルギー源となること。三大栄養素の他のふたつの糖質とたんぱく質は1gで約4kcalだから、脂質はそれに比べると倍以上のエネルギー源になる。もう少し分かりやすく言うと、少ない量で大きなエネルギーを得られるのだ。これは、脂質のメリットのひとつだ。

ラグビー選手は、練習はもちろん、試合でのエネルギー消費も激しいので、食事から常にしっかりしたエネルギー量を確保する必要がある。野菜もちゃんと食べてほしいところだが、カロリーの低い野菜ばかりでは絶対的なエネルギー量が不足する。脂質を含む食べ物は、ラグビー選手が充分なエネルギー量を摂るために不可欠なものだ。

　エネルギー源としての脂質には、もうひとつの特徴がある。それは、糖質のようにエネルギーとして速やかに利用できる即効性のあるエネルギー源ではなく、時間が経ってからエネルギーとして使える遅効性のエネルギー源であること。だから、陸上短距離のような競技ではエネルギー源としての期待はできないが、試合時間が1時間以上で、常に動き続けているラグビーでは、ある程度の脂質を摂ることには充分な意味があるのだ。

　もうひとつのメリットは、ビタミンA、D、E、Kなどの脂溶性ビタミンの吸収を助けること。ビタミンA、D、E、Kは、油に溶ける性質を持ち、油に溶けることで体内での吸収がよくなる。油は、脂質だ。ビタミンA、D、E、Kを含む食べ物を摂るときは、脂質と一緒にすると、より効果的になる。

　これらの脂質の特徴は、他の栄養素にはないもの。脂質だけが持つ個性だ。脂質がいかに大切な栄養素かがわかってもらえることだろう。

☑ 減らしたい脂肪と増やしたい脂肪

　脂質の力を見直してもらったところで、さらにディープな脂質の世界を覗いてみよう。

　脂質の主な構成成分は脂肪酸と呼ばれるもの。脂肪酸は、大きくは飽和脂肪酸と不飽和脂肪酸に分類できる。この内、不飽和脂肪酸の方は、分子の結びつき方で一価不飽和脂肪酸と多価不飽和脂肪酸に分けられる。多価不飽和脂肪酸には、さらにn-3系とn-6系という2種類がある。文字で書くとややこしいが、図3を見れば一目瞭然。

飽和脂肪酸は、肉に多く含まれる脂肪酸。この本を読むまでは、みんながきっと一番よく摂っている脂肪酸だと思う。

飽和脂肪酸は、常温では固体で、酸化されにくいので変質もしにくいという特徴を持つ。しかし、摂り過ぎは、コレステロールや中性脂肪の増加、血液の粘度の増加など、生活習慣病の原因となる。生活習慣病と言うと、親や指導者が心配する話で、選手は我が身のこととは考えにくいかもしれないが、最近では、肉食の増加で、その兆候がみんなの世代でも表れる可能性がある。肉を多く食べるというのは、まさに食習慣でもあるので、注意しないとその可能性は高まる一方に

図3 脂肪酸の種類とその関係

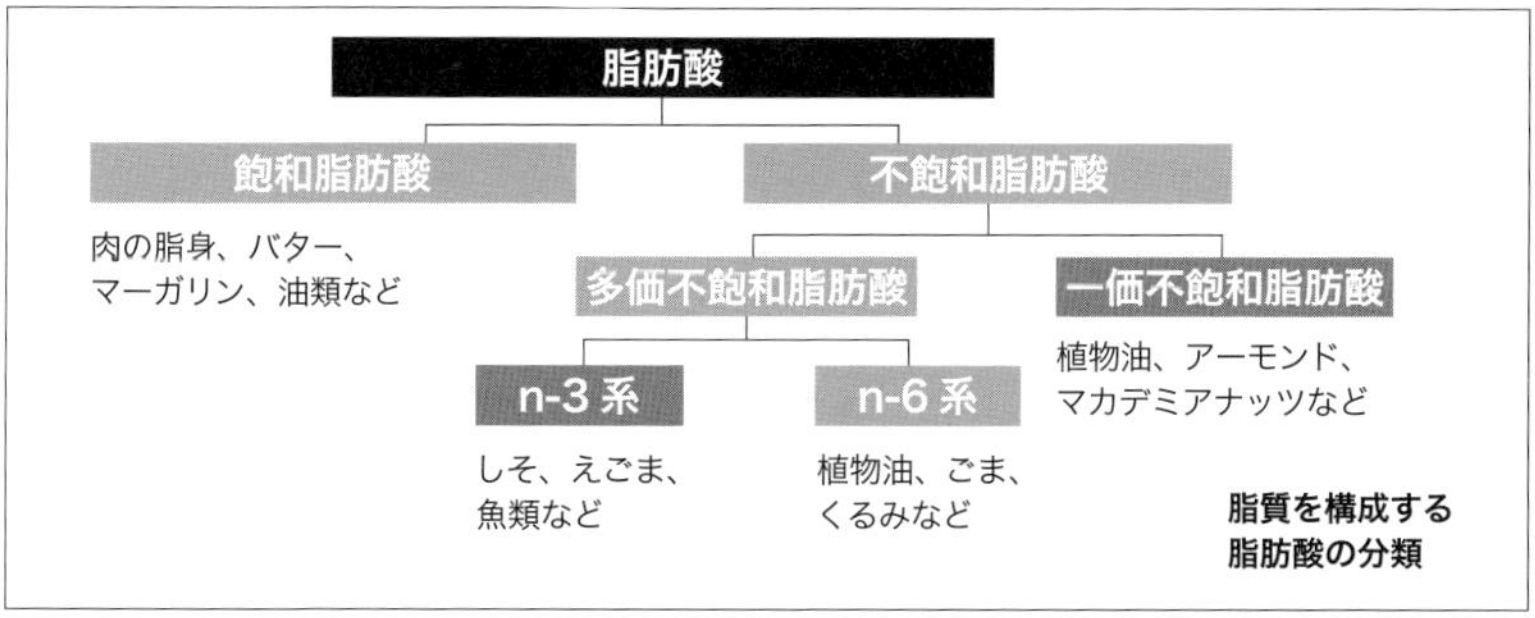

なってしまう。

不飽和脂肪酸は、飽和脂肪酸とは違い、常温では液体。一価不飽和脂肪酸は、オリーブオイルやアーモンド、マカデミアナッツなどに含まれ、オレイン酸と呼ばれるものが代表的。多価不飽和脂肪酸の内、n-6系は、ごまやくるみなどに含まれ、リノール酸やガンマリノレン酸が代表的。このあたりに出てくる名前は、サラダ油の成分として知っている選手もいると思う。

そして、主に青魚の脂に多いn-3系には、「体にいい」とおなじみのDHA(ドコサヘキサエン酸)、EPA(エイコサペンタエン酸)がある。このn-6系とn-3系の多価不飽和脂肪酸は、人間が体内で作り出せないので、食べ物として摂らなければならない必須脂肪酸でもある。多価不飽和脂肪酸は、飽和脂肪酸とは逆に、生活習慣病の予防に役立つ働きをする。特に、n-3系は、摂り過ぎの心配が少なく、その働きがある。魚をもっと食べようというのは、こんな理由もあるのだ。

多価不飽和脂肪酸は、必須脂肪酸なので必ず摂る必要があるが、n-6系の方は、摂り過ぎがアレルギーに悪影響を及ぼす可能性があるので、注意が必要。そして、多価不飽和脂肪酸は、飽和脂肪酸に比べると酸化しやすいので、新鮮な状態で摂るようにしたい。

ちなみに、栄養情報に詳しい選手は耳にしていると思うが、摂り過ぎが問題となっているトランス脂肪酸は、不飽和脂肪酸の仲間。天然の食品にも微量に含まれているが、問題となるのは食品の加工段階で作られるもの。マーガリンやショートニングに含まれ、それらを使ったケーキやドーナッツなどにも含まれている。悪い働きをするいわゆる悪玉コレステロールを増加させる恐れがあると言われているので、飽和脂肪酸とともに摂り過ぎには注意する方向で考えた方がいいだろう。

☑効率がよいゆえのデメリット

最後に、エネルギー源としての脂質のデメリットについても触れておこう。これは、脂質が悪者扱いされやすい理由でもある。

1g あたり約9kcal という効率のよさはメリットでもあるのだが、効率がよいゆえにそれがデメリットにつながることもある。

ちょっと摂り過ぎると体脂肪の増加に直結することだ。悪いことに、ラグビー選手が積極的に摂りたいたんぱく質を多く含む食べ物は、脂質も多く含んでいる傾向にある。分かりやすい例が、肉。肉は、食事の中でもたくさんの量を摂る食べ物で、たんぱく質も摂れる代わりに、もれなく脂質もついてくるという状態になる。適量ならうれしいおまけだが、多くなり過ぎると、あまりうれしくないおまけになる。

そして、つけるのは簡単な体脂肪だが、落とすのは大変だ。前にも書いた通り、脂質は遅効性のエネルギー源なので、使うまでに時間がかかる。脂肪を燃やすのは短時間ではできないのだ。

メリットとデメリットを併せ持った脂質だから、選手自身でうまくコントロールすることが大切。そして、脂質のコントロールがうまくできるようになれば、それはラグビー選手としての体作りのコツをつかんだも同然だ。

Water Break

同じようなアイスでも脂質の量に違いあり

夏場の厳しい練習後のアイスは、大きなお楽しみになるし、ストレス解消にもなるだろう。でも、アイスにも内容で大きな違いがあることを知っているだろうか。

みんながアイスと呼んでいるものには、アイスクリーム、アイスミルク、ラクトアイス、氷菓の4種類がある。アイスのパッケージの表示を見てみよう。「種類別」のところに4つのどれであるかが書いてあるはずだ。

アイスクリームは、乳固形分15％以上でうち乳脂肪分8％以上、アイスミルクは乳固形分10％以上でうち乳脂肪分3％以上、ラクトアイスは乳固形分3％以上。また、凍らせてあるが、乳固形分や乳脂肪分を規定以上含まないものは、氷菓の分類になる。アイスキャンディやシャーベット類が、氷菓になっていることが多い。

この規定で分かるように、脂質が多い順に並べると、アイスクリーム、アイスミルク、ラクトアイス、氷菓となる。自分にごほうびをあげたい場合は、脂質のコントロールをしながら、ぜひ参考に。

try 07

実は奥が深い水分補給の方法

潤すように飲むべし。

☑ 胃が1回で吸収できる水分には限りがある

人間の体の約60%は、水でできている。体重が70kgの選手なら42kg分は水なのだ。高校生くらいであれば、小柄な友だちひとり分ということもあり得る。

そう聞いただけで、自分の体からチャポチャポチャポと音が聞こえてきそうに思うだろう。人間にとって、水がいかに大切かも分かるはずだ。

水分補給の基本は、「喉が渇く前にチビチビチビチョコチョコチョコ」。練習前後だけでなく、日常生活の中で習慣にしたい。

なぜなら、喉が渇いた時、体の中ではすでに脱水が始まりかけているからだ。喉の渇きは、水が足りないという体からのサイン。このサインを受け取ってから水分補給をしていては、後手後手に回ることになる。

喉が渇く前に飲むのは、簡単なことのように思うかもしれないが、意外にできない。だいたいの人は、喉が渇くというサインを感じて初めて、水を飲もうと意識するからだ。喉が渇いていないのに、水を飲もうと思えるようになるには、水分補給への意識を相当高めなければならない。今、この瞬間から意識を高めよう。

そして、水分はガブ飲みではなく、少しずつを何度かに分けて飲むようにする。運動強度や、その時の気温・湿度などの環境にもよるが、15～30分にコップ半分～1杯（100～200㎖）がひとつの理想。でも、なかなかここまで頻繁には飲めないと思うので、本来は、これくらいの勢いで飲んでおきたいという目安と考えてほしい。学校がある時なら、できれば授業ごとに100～200㎖の水を飲み、放課後の練習に備えたいところだ。

間隔がちょっと空いてしまっても、ガブ飲みは避けたい。胃が1回に吸収できる水分の量は200～250㎖と言われている。ガブ飲みには爽快なイメージがあるが、1回にたくさんの水分を摂っても、体は吸収しきれず、吸収しきれなかった分は、そのまま尿などで外に出てしまう。つまり「補給」にならないのだ。

☑練習前後で体重の2％以上減らさない

激しい運動をせず、穏やかな環境で普通の生活をしている人の場合、体重70kgの人であれば、1日に排泄する水分の量は2・5ℓとされている。普通に生活していても、尿や便、呼吸や汗などから500㎖のペットボトルで5本分もの水分が外に出てしまっている。

激しい運動をして大量の汗をかくアスリートの場合、練習や試合だけで1〜2ℓ分の汗をかくと言われる。コンディションによっては、一般の人が1日に排泄する水分に匹敵するくらいの水分を1時間程度で失ってしまうこともある。

自分が、練習や試合でうまく水分補給ができているかを知るには、体重を量ってみることだ。

まず、練習や試合前に体重を量り、終了後にもなるべく早く量る。前後の体重の減少が2%以内であれば、水分補給がうまくいっていると考えていいだろう。つまり、練習前の体重が70kgで、練習後の数値がマイナス1・4kgより少なければ許容範囲。体重が重い選手は、汗も多く、水分を失いやすい傾向にある上、体重の2%の数値も大きくなる。特に、注意をしてほしい。発汗量は、個人差が大きいので、練習の時などに機会を作って体重を量り、自分の水分補給の状況をチェックしておきたい。

水分補給のために飲むものは、例えば、エアコンの効いた部屋で勉強しているだけというなら、水で十分。スポーツドリンクの方が「体によさそう」というイメージで、運動もせず、汗もかかないのに飲むのであれば、スポーツドリンクの糖分と塩分は余計なものになる。

特に、最近では、塩分摂取量が多過ぎることが世界的に警告されている。男子高校生であれば、1日8g未満にすることが目標となっている。これは、塩分を多く摂り続けると、将来的に生活習慣病のリスクが高まる可能性があるからだ。

水分補給用のスポーツドリンクに含まれる塩分量は、100㎖当たり0・1〜0・2g。500㎖のペットボトル1本で、0・5〜1gだ。運動をしない日の場合、1日に1本くらいならいいが、何本も飲むとなると、食事に含まれている塩分と合わせれば、1日8gくらいは意外とすぐに突破してしまう。日常生活での水分補給は、水やお茶を基本にしたい。ただし、お茶にはトイレが近くなる利尿作用があり、お茶ばかりたくさん飲んでいると、逆に体から水分を出してしまうことにもなりかねない。メインは水で、サブがお茶と考えよう。

なお、見落としがちだが、水分補給は、食べ物からもできる。液体だけが水分ではないのだ。例えば、夏に欠かせないスイカは、約90%が水分。普通に食べているであろう野菜のレタスに至っては、96%近くは水分だ。野菜や果物の多くは、その80〜90%もの水分を含んでいる。これらをしっかり食べることも水分補給の助けになる。

☑運動中は水ばかりにならないように

日常生活での水分補給について書いたが、ここからは、ラグビーモードの水分補給に切り替える必要がある。

練習や試合、合宿などで、運動量が多く、汗もたくさんかく状況であれば、水分補給のメインはスポーツドリンクになる。かく量が多いだけに、汗とともに失うナトリウムなどのミネラル類の量も無視できなくなるからだ。

特に、試合がある時は注意が必要。人間は、極度の緊張状態や興奮様態にあると、尿が濃くなりやすい。つまり、尿へのナトリウム排出量が増えるのだ。練習では大丈夫なのに、試合になると足がつるという選手は、興奮状態にあると考えられる。試合前に、スポーツドリンクを飲む量を増やしたり、食事で味噌汁を飲むようにするなどして、いつもよりも多めの塩分をあらかじめ摂っておくという対策を試してみよう。

必要なスポーツドリンクの基本スペックは、0.2％くらいの塩分と5％くらいの糖分が含まれるもの。糖分を含むことで、水分とともにエネルギー補給もできるわけだが、糖分量は8％未満に抑える。8％以上になると、吸収に時間がかかってしまうためだ。

ラグビーモードでの水分補給のタイミングは、練習や試合の2時間前に250〜500mlを飲む。そして、運動中は、1時間ごとに500〜1000mlの水分を1回100〜200mlずつに分けて補給。

試合中などは、このタイミングを守ることは難しいので、ウォーターブレイク（給水タイム）やハーフタイムをうまく使っての水分補給を忘れないようにしたい。高校生の場合、試合のハーフタイムが5分しかないので、チームで声をかけ合って、水分の確保を徹底させたい。

運動中の飲み方のコツも覚えておこう。

コップやボトルを手にしたら、まず、ひと口分の水分を口に含み、うがいをして吐き出す。それから、体にゆっくり染み渡らせるように飲む。ゆっくりと言っても、ほんの数秒の話なので、試合中でもできるはずだ。

1回うがいをすることで、口の中のほこりっぽさや粘りを洗い流し、温度も下げてくれる。気分もスッキリするし、ガブ飲みも防いでくれる。荒れたグラウンドでの練習では、口の中の雑菌を洗い流す効果も期待できる。ぜひ、試してほしい。

ラグビーモードでの水分補給で、特に気をつけたいのは、日常生活の場合と正反対で、水からだけの補給にならないこと。

汗をたくさんかいて、ミネラル類を失っている状況で水ばかり飲んでいると、体液のナトリウムの濃度が低下する。体は、これ以上ナトリウム濃度を下げないようにと、脱水が迫っているにもかかわらず、喉の渇きや水分を摂りたい欲求を抑えてしまう。体には水分が足りていないのに、水を飲みたくなくなってしまうのだ。さらに、体は、ナトリウム濃度を元に戻そうと、尿として水分を排泄しようとする。これを「自発的脱水」と言う。

また、体内のナトリウム濃度が変わらないのに、水を大量に摂って、水分量が過剰になると、体のだるさ、吐き気、頭痛や痙攣、意識障害などの深刻な状況をもたらす「低ナトリウム血症」を引き起こす恐れもある。

一言で水分補給と言っても、その日の温度や湿度、運動量、本人の体調など、さまざまな条件によって、ベストな方法は変わる。ラグビーだけでなく、いろいろな競技の経験豊富なトップレベルの選手でも、水分補給で思わぬミスを犯すことがある。

大事な本番の時に、最高のパフォーマンスを発揮できるよう、普段から水分を飲む行為を意識して行うようにしたい。こんな条件の時は、こういう飲み方をすると自分にはいいようだというポイントをトライ&エラーを重ねながら見つけておきたい。

Water Break

野菜ジュースで水分は補給できるのか

液体であるし、体にもいいイメージがあるので、100%野菜ジュースで水分補給と思う人もいるかもしれないが、そこは分けて考えた方がいい。

一般的な200mℓ紙パックの100%野菜ジュースには、15～20gの糖質が含まれているものが多い。中には、糖質オフとしてひと桁の商品もあるが、水分補給を目的にするならば、200mℓパックを何本も飲む必要がある。それでは糖質の摂り過ぎになる。

だからといって、100%野菜ジュースはよくないものではない。ビタミンやミネラルが適度に含まれ、栄養密度が高いドリンクであることには違いない。野菜ジュースは液体の形をしているが、あくまでも野菜が不足した時の補助と考えよう。飲料というより、食品として捉えた方がいい。

try
08

夏を乗りきる食のポイント

朝ごはんを制する者は、夏を制す。

☑ 朝ごはんをガッツリが大前提

夏はやせて、冬は太る。

普通はこういう流れになる人が多いが、ラグビー選手はこれでは困る。ラグビー選手にとって、夏は体重を増やす時期。試合期に入る前に体を作り上げておく必要があるから、体重は増えていなければならない。

しかし、暑さがその邪魔をする。暑いというだけで体力を消耗するのに、ラグビー選手の夏は、合宿などで練習量が増加して、体力の消耗に拍車をかける。消耗した分以上のエネルギーを食事から摂らなければ体重増が望めない。ここを乗りきれるかどうかが、試合期に自分のパフォーマンスを発揮するための鍵となる。夏を制するための食事のポイントをチェックしておこう。

チェックしたいポイントのひとつは、**トライ07**のテーマである水分補給。食事の話のはずなのに、最初が水分？　と不思議に思う選手がいるかもしれないが、適切な水分補給は食事の量に影響するのだ。

トライ07でも書いたが、水分補給のタイミングが遅れると、体は脱水に近い状態になる。そうすると、体は固形物を食べることよりも水分補給を優先するので、水分で胃がいっぱいになってしまう。そうなると何かを食べようという気にはなりにくい。適切なタイミングで体に水分を補給しておけば、みんなの胃は、食事のための余裕ができる。

そして、朝ごはん。朝ごはんさえしっかり食べられれば、その後の食事量もだいたいそれについてくると言っていい。朝ごはんこそが、夏を制する大きなポイントなのだ。

冬は冬で、温かい布団の中から抜け出すのに思いきりが必要だが、夏は夏で、寝苦しさからの寝不足や、前日のハードな練習の疲れも抜けきらず、スッキリと起きられない選手も多いだろう。朝ごはんを食べる食欲も湧きにくいかもしれない。

ダラダラしたまま起き出して朝ごはんをほとんど食べないようだと、それは朝ごはん1食分だけではなく、その日の食事すべてに影響が出る。朝ごはんをしっかり食べると、その時点で血糖値が適度に上昇する。この血糖値の上昇が大事なのだ。

血糖値を朝に上げておけば、昼頃には下がり、血糖値が下がることで空腹感が生まれ、昼ごはんもガッツリ食べられることになる。そして、昼に再び上がった血糖値は、夜に向けて下がっていき、夜ごはんもちゃんと食べることができる。十分な量の3食を確保できれば、夏場に体重が落ちるリスクをほぼ回避できるはずだ。この好循環を作り出すきっかけが朝ごはん。

朝ごはんを食べることは習慣だ。それまでたいして食べていなかったものを暑くなってきたから食べなきゃと思っても、なかなか難しい。普段から朝ごはんを食べて、自分の生活習慣にしておいてほしい。

☑ 朝からデカいおにぎり3個が目安

人によるが、成長期のラグビー選手が1日に必要なエネルギー量は平均で約4500kcal。運動をほとんどしない同世代では2500kcalだから、その1.8倍は食べなければならない。電車や自転車や徒歩で学校に来て、授業を受けてそのまま帰るだけの友人に比べ、広いグラウンドを走り回ったり、激しくぶつかり合ったりするのだから、それくらいは食べて当たり前だ。

間食を考えず、食事のメインとなる1日3食で単純に割り振ると、朝ごはんで1500kcal分を食べることが目安となる。この1500kcalの中でごはんの量の目安は、丼で1～1.5杯。おにぎりで言えば、コンビニの普通サイズより大きい

150gのもので3個分が、だいたい丼1.5杯に相当する。

理想では、このごはんの量に加え、肉や魚の主菜、野菜や納豆などの副菜、具が多い汁物、果物のデザートが揃った定食スタイルの朝ごはんがいいのだが、誰もが毎朝そこまで揃えられる恵まれた環境にあるとは限らないだろう。

優先順位をつけよう。できれば、ごはんの量は確保したい。ここでごはんをしっかり食べておけば、疲れが溜まってくる昼や夜に見るだけでつらくなるようなごはんの量を食べなくても済むからだ。

これにたんぱく質源をプラス。焼き魚や肉じゃがでもいいし、それも大変な時は、納豆と卵のごはんでもOK。**トライ04**でも書いたように、筋肉をはじめとする体の材料となるたんぱく質を分けて摂る方がいいため、朝ごはんにもたんぱく質源のおかずを入れておきたい。

例えば、根菜がたっぷり入った豚汁などは、前の晩に食べたものを次の日の朝ごはんの汁物にすれば、ごはんと豚汁だけでも最低限の朝ごはんの形を整えることができる。夏場は冷蔵庫に入れておいた方が安心だが、温めるだけでいいので、調理からも解放される。食べるみんなも、ごはんを入れて雑炊のようにすれば、一品で主食まで食べられるので手軽だ。

ごはんは、パンに比べるとズッシリ重い。片手に持ってかじられるパンを朝の主食にする日があってもいいが、朝からズッシリしたごはんを食べられるようにしておくのも、ラグビー選手にとってはトレーニングのひとつ。せっかくごはんの国のラグビー選手なのだから、朝からごはんとも仲良くしてほしい。

☑朝ごはんを2回に分けて量を確保

どうしても朝1回で多くの量を食べられないのであれば、早朝食と朝食の2回に分けて食べるという手もある。2回を食べるタイミングは、みんなの置かれた環境によるが、例えば、朝起きてすぐに、とりあえずおなかに何かを入れる。そして、身支度などで体を軽く動かして、全身に血が巡ったのを感じたあとに残りの分を食べる。

もしくは、学校のある日であれば、朝起きて練習前に食べ、残りを練習の合間や授業前に食べるとか。それぞれのスケジュールやリズムに応じて朝ごはんを2回食べられる時間を作ればいい。

その早朝食や朝食では、どんなものを食べればいいのか。これでなければダメというわけではないが、具体的な例があった方が分かりやすいと思うので、いくつかピックアップしておく。

第一に水分の多いもの。夏場は、一般の人でも睡眠中にコップ2杯程度の汗をかくと言われている。成長期で基礎代謝量の多いみんなであれば、おそらくもっとかいているはずだ。ということは、起きた時には、脱水に近い状態になっている。起きたら、まずはとにかく水分補給をしよう。それに、最初に水分を摂ることで内臓の目を覚ます効果もある。その後に食べるものをしっかり消化吸収させるために、内臓にも起きてもらう。これが、前述した適切な水分補給の第一歩だ。そして、食べ物からも水分補給できるように、パサパサしたものよりも水分の多い食べ物を選ぶようにする。

その意味で、特に早朝食におすすめのメニューは、ヨーグルトとオレンジジュースを半分ずつ入れたヨーグルトドリンク。たんぱく質と糖質とビタミン類を手軽に摂ることができる。これならサッパリしていて、食欲が落ち気味の時にも喉を通りやすいだろう。

その後は、授業前などのちょっとした時間でも食べやすいもの、鮭おにぎり、ハムエッグサンドウィッチ、角チーズ、バナナやみかんといった、持ち運びしやすい果物などをおなかが満足するように食べるといいだろう。

いろいろなものをいろいろな食べ方で食べ、朝から十分な量を食べられる、自分に合ったメニューを見つけておく。朝ごはんの質と量さえクリアできれば、夏に体重を減らしてしまう心配はかなり少なくなる。朝ごはんをしっかり食べるなんて、「朝飯前」だと言えるようにしよう。

Water Break

日焼け対策のディフェンス術

屋外競技であるラグビーは、常に日焼けの問題と直面している。炎天下の夏はもちろん、冬であっても、快晴の下で太陽に長時間さらされれば、日焼けはする。日焼けがもたらす大きなデメリットは、疲労と皮膚のダメージ。日焼けは、活性酸素という物質を体内に過剰に発生させる。活性酸素は、細菌から体を守ってくれるという味方の役もする一方、増えすぎると人間の細胞を傷つけ、老化を早め、生活習慣病の原因となるなど、敵役にもなる。そして、細胞が傷つけられると、ストレスを感じるとともに、疲労物質も発生させると言われている。日焼けを防ぐことは、練習や試合でのスタミナに好影響を与える。

活性酸素に対抗するための栄養素が、抗酸化栄養素だ。主なところでは、ビタミンA、C、E。ビタミン「エース（ACE）」と覚えておこう。これらの抗酸化栄養素は、体内で活性酸素と戦い、体の酸化を防ぐ働きをしてくれる。ビタミンAは動物のレバーや魚の肝に多く、体内でビタミンAに変わるベータカロテンは緑黄色野菜に多い。ビタミンCは生野菜や果物に、そしてビタミンEはアーモンドなどのナッツ類や種子類、大豆に豊富に含まれている。

日焼け対策としてだけでも、これほどの種類の食べ物からの栄養素が助けになる。いろいろな食べ物を食べた方がいいと言われるひとつの理由が分かるだろう。

実力を発揮するための試合期の食べ方

試合には、腹を決めて臨め。

☑試合前は、向上ではなく維持に専念する

試合期の食事の最大の目的は、コンディションの維持だ。筋肉量の増加や持久力の向上を目指すには遅過ぎる。それらは、オフシーズンや夏の強化期に終えていなければならない。試合期に突入したら、それまでに頑張って鍛えてきた自分のパフォーマンスを最大限に発揮できるように、コンディションを整えることが必要だ。

試合の1週間くらい前からの食事のポイントは、以下の通り。

①食事、食事環境の安全性を最優先する
②食べ慣れた普段の食事を摂る
③ビタミン類を十分に摂る
④食べる量を考慮する

①は、当たり前のようで意外な落とし穴になる。試合が近づくと、選手はもちろん、保護者も気分的に盛り上がり、しっかり食べられているかに注意が行きがちだ。しかし、最初に書いたように、このタイミングで優先したいのは、コンディションの維持。下痢や便秘などの内臓の不調や食中毒はなんとしても防ぎたい。まさかの体調不良で、努力してきたことがフィールドに立つ前に水の泡になる状況だけは避けたい。

そのためには、食事前のうがいと手洗いをもう一度徹底する。調理してから時間が経ったものは避ける。内臓に負担をかけたり、食べ物にあたったりすることのないよう、生のものは控える。ラグビーの試合期は冬場なので、夏場よりも心配が少ないとはいえ、油断は禁物。注意するに越したことはない。

②は、「食べ慣れていないもの」＝「安全性が約束されていないもの」と考えると、①の延長線上にある注意点だ。また、最初に書いたように、この時点で競技力や体力向上のために今まで食べていなかった何かを食べても遅過ぎる。それに、食べ慣れていないものだけに、内臓が驚いて反乱（不調）を起こす可能性もある。それまで自分を育ててきてくれた食べ物の世話になる方が安心だ。

☑前日は、眠るためにも脂っこいものは控えめに

試合を翌日に控えた食事のポイントは、以下の通り。

①エネルギー源となる糖質を含む主食をしっかり食べる
②脂っこいものは控える
③ビタミン類、特にビタミンB_1を十分に摂る
④食事、食事環境の安全性を最優先する

ラグビーは、マラソンやトライアスロンほどの持久系競技ではないので、グリコーゲンの貯蔵を目指したカーボローディングを徹底させる必要はないが、試合の時のエネルギー源を十分に確保するために、糖質はしっかり食べよう。そして、このエネルギー源を実際に使えるエネルギーに無駄なく変換させるために、ビタミンB_1もちゃんと摂っておきたい。

食事全体のイメージとしては、糖質の多い主食と果物は多めにし、肉や魚などのおかずは少なめ。いつもなら肉をドカンでごはんもガッツリという食べ方が多いと思うが、試合前日は、おかずは残してもごはんは多めに食べるという食べ方にチェンジしよう。

そして、脂っこい食べ物は控える。消化吸収に時間がかかり、内臓の負担になるからだ。試合前夜の脂っこいものは、試合当日となる翌日の朝ごはんの食欲をなくしかねない。また、試合の前の晩は、よく寝るのも大切なのだが、夜に脂っこいものを摂ってしまうと、内臓が

休めず、よく眠れなかったということにもなる。

アスリートは、「試合に勝つ」という意味を込めて、トンカツを勝負食にしたりするが、スポーツ栄養の側面からは、以上の理由によっておすすめできない。しかし、気持ちが支えになることもあるのは理解できる。おすすめはしないが、今までも食べてまったく問題がなかったとか、それを食べないと気合いが入らないとか、選手自身が、自分のルーティーンの中に組み込んでいるのであれば、否定はしない。でも、食べるにしても小さめにしてほしいが。

そして、試合当日の朝食。

試合開始が朝の7時前後のように早い場合以外は、いつも食べている朝食のスタイルでOK。ポイントとしては

①エネルギー源となる糖質を含む主食をしっかり食べる

②脂っこいものは控える

③ビタミン類、特にビタミンB_1を十分に摂る

④食事、食事環境の安全性を最優先させる

……と、ここまでは前日の食事の注意点と同じ。

当日の朝の場合、これに⑤食物繊維を多く含む食べ物は控える……が加わる。食物繊維は、普段の食事であれば、むしろ積極的に摂った方がいいくらいに中高生には不足しやすい栄養素だが、試合当日となれば話は別。食物繊維は、腸の掃除役だけあって腸を刺激しやすく、

特に試合当日のように精神的にいつもと違う状況の時は、おなかの調子を崩す原因となる可能性がある。ネガティブな可能性は、このタイミングではできる限り排除しておきたい。

食物繊維は、米などの穀類や野菜にも含まれる。しかし、これらは食べないわけにはいかないので、当日の朝にわざわざ食べなくてもよさそうなものを外してみよう。例えば、ごぼう、こんにゃく、さつまいも、海藻やきのこ類などなど。ひと切れも食べるなと言っているわけではなく、こんにゃくを大盛りとか、あえてこの時にきのこ盛り合わせサラダを食べる必要はないということだ。そういう食材やメニューが好きなのであれば、試合が終わってから存分に味わえばいい。

☑ 当日は、キックオフから逆算する

試合当日の食事は、試合開始時刻からの逆算となる。いつもと同じスタイルの朝食は、キックオフの3～4時間前までに済ませる。

ラグビーの場合、あまりないかもしれないが、朝7時にキックオフとなると、朝の4時頃には朝食を食べておくことになる。前の晩に早く寝て、充分な睡眠時間を確保できた上で4時起きで食べられるなら、いつもの朝食でいい。

しかし、慣れない早起きはできないとか、睡眠時間が短くなるとか、また移動時間がある

のでうまく食べられないような場合は、不足の分をキックオフの2時間前までに軽食として摂る。

ここで摂る軽食は、おなかをいっぱいにする食事ではなく、おなかを落ち着かせるとともに、試合への戦闘態勢を整えるためのもの。例えば、糖質が手軽に摂れるおにぎり、菓子パン、カステラ、バナナなど。キックオフ1時間前になるようであれば、バナナやジュース類を少し。食べ過ぎて動きが鈍くなるのは避けたい。自分のおなかとよく相談して食べてほしい。

試合直前になったら、ゼリーやタブレット、スポーツドリンク程度に抑えたい。この段階の補給で覚えておいてほしいのは、試合開始30分前になったら、極端に高糖質のものは摂らないようにすること。特に空腹の場合、大量の糖質を一気に摂ると、体内のインスリンの働きで低血糖状態になり、気分が悪くなったり、手が震えたりするインスリンショックと呼ばれる症状に陥ることがある。試合直前にエネルギー源を補うとしたら、前述したようなゼリーやタブレット、スポーツドリンクくらいにしておこう。

そして、試合後。勝ったら勝ったで興奮状態、負けたら負けたでガックリ落ち込んで、何かを補給するどころではないかもしれないが、1時間以上に渡って頑張ってきた自分の体をすぐにでもいたわっておきたい。試合終了後すぐに自分の体を考えられるようになったら、それは選手としてのレベルが上がったことを意味する。

みんなの体は、試合での運動が終わった時点から、グリコーゲンの合成を始める。だから、この時に糖質が足りないと合成ができず、筋肉疲労からの回復が遅れてしまう。無理のないところで終了後30分以内に、まず失った水分に加えて糖質を補給すること。

この場合の糖質は、なるべく早く吸収したいので、**トライ05**で説明した糖質の種類の中の単糖類を摂りたい。果糖の含まれる果物や、しょ糖（砂糖）の多いお菓子に近い甘い物がおすすめだ。菓子パンやカステラなどが手軽だと思う。

また、糖質と一緒にたんぱく質も補給すると筋グリコーゲンの回復がさらに早まるという研究報告がある。試合直後の食べやすさから言うと、乳製品、ヨーグルトやチーズがいいだろう。果実が入ったフルーツヨーグルトであれば、糖質とたんぱく質を同時に摂れて便利だ。

ここでの注意点も、食べ過ぎないことだ。ここで摂る意味は、食事ではなく一時的な補給。ここで糖質ばかりをおなかいっぱい摂ってしまうと、回復に必要な栄養素とエネルギーを摂るはずのその後の食事が充分に食べられないことになりかねない。次の試合や練習のために自分の体をしっかり回復させるには、試合直後の補給からその後の食事への流れをスムーズに作り上げておくことだ。ノーサイドは、回復へのキックオフだと考えたい。

Water
Break

地元の食べ物を味方につける

本来、「食べ慣れているもの＝地元の食べ物」となるのが自然のはずだが、流通方法が発達し、食べ物を買うスーパーもチェーン店がメインになってきたため、日本全国で似たようなものが食べられるようになった。

それはそれでいいことだと思う。しかし、試合でも地元の人の声援が力になるように、地元の食べ物を味方につけられれば、それは選手の体にとっての力になる。特に野菜や果物に言えることだが、地元産のものは輸送に時間がかかっていない分、新鮮だ。新鮮であるなら、ビタミン、ミネラル類などの栄養素が減っていないことになる。魚であれば、新鮮なものは単純においしい。肉類も、安心して食べられるだろう。食べ慣れている食材を中心に、これらの力を味方にしよう。

「〇〇丼」とか「〇〇うどん」などの特有の名前が付いた地元の伝統的な料理や加工品は、その土地の気候や水や環境に合うからこそ生まれたものだ。その土地の人の体を育ててきたありがたい食べ物だ。せっかくその土地に生まれ、その土地で育ってきたのなら、特に試合後には、他の土地では手に入りにくい伝統の味と栄養を味方につけてほしい。

try
10

オフシーズンの食べ方

オフは、華麗なる再起動のために。

☑自分の食事を再確認する

世代や指導者の考えにもよると思うが、ラグビーのオフシーズンは、7月と2～3月あたりに設けられることが多いようだ。

日数的には短いオフシーズンだが、わずかであっても、この期間を目的なしにダラダラ過ごしてしまった選手は、オフ後、ポジションはチームメイトに取って代わられることになるだろう。オフシーズンは、すべてのスイッチを完全にオフにしてしまうシーズンのことではない。意味のある時間を過ごしてほしい。

空いている時間を作ってやってほしいのは、自分の食生活を再確認すること。食事の基本について書いたこの本の**トライ01**から**トライ03**までを読み返してみるだけでもいい。

練習日誌をつけているなら、そこに何を食べたかをメモすることもおすすめする。それをチェックし直せば、自分の食事の傾向を簡単に再確認できるからだ。どんなものをちゃんと食べられているか、また、どんなものが足りていなさそうか、疲れている時に食べられているか、お菓子やジュースを摂り過ぎていないか、などなど。

時間はたいしてかからないはずだ。オフが来るたびに、1回でもこういう時間を作っておくと、自分の食事の傾向を頭に叩き込めるので、オンシーズンが始まった時に食事の対策を立てることができるようになる。

☑ 体組成と健康状態をチェック

中高生の選手には、ちょっとハードルが高いかもしれないが、ワンランク上のレベルの選手を目指すのであれば、選択肢に入れておいてほしいことがある。

健康状態の詳細なチェックだ。健康診断の延長と考えればいいと思うが、体組成、血液や尿検査を病院などの専門機関で検査し、数値で把握できるようにすることだ。

最近では、家庭用の体組成計も手頃になってきた。ラグビー選手にとって、体重のコントロールは必須だが、その延長で、体脂肪や脂肪をのぞいた除脂肪量が量れるので、できれば一家に1台、もしくはチームに1台は持っておくといい。家庭用の機器の場合、数値自体は正確無比とはいかないかもしれないが、数値の増減が分かるだけでも意味がある。せっかく量るのだから、練習日誌に欄を作って書き込んでおこう。季節や練習の内容によって、自分の体がどう変化するかを把握することができる。測定の際は、なるべく同じ条件で行うこと。毎朝の食事前とか、一日の練習直後とか、夕食前の入浴後とか、それぞれを継続しやすいタイミングで量るようにしよう。

また、尿検査では腎臓の状態や疲労度、血液検査ではコレステロール値、中性脂肪値、肝臓の状態などが分かる。

体に関わる数値が出ることで、普通では気がつかない栄養素の不足が分かったり、場合によっては、まだ症状の出ていない病気を未然に防げるかもしれない。特に問題がなければ、それまでのやり方が正しいというある程度の証明にもなる。

☑ いかに体脂肪を増やさないかがポイント

オフシーズンの食生活のポイントは、とにかく体重を増やしても体脂肪を増やさないことだ。練習量は少なくなり、負荷も低くなる。大事な試合を控えた緊張やストレスからもしばし解放される。しかも、こんなオフシーズンの状況は、体に負荷がかかっているオンシーズンよりも内臓の消化吸収能力が高まると言われている。

さらに悪いことに、人間の体がエネルギーを消費する効率というのは、運動している時の方が、運動していない時に比べて高い。つまり、運動量が減るオフシーズンは、摂ったエネルギー源が効率よくエネルギーに変換されて消費されることがなく、エネルギー過多になりやすい。

にもかかわらず、オンシーズンと同じ量と同じ内容のものを食べ続けたらどうなるか。もしくは、自由な時間が増えた中で、それまでに頑張ってきたからと自分にごほうびをあげ過ぎて、お菓子やジュースなどを好きに食べたり飲んだりしたらどうなるか。消費エネルギーが少なくなっているのだから、摂取したエネルギーの余りが多くなり、それは体脂肪の増加につながる。これが、オフシーズンの食生活の落とし穴だ。結果は、シーズンが始まった時に体のキレのなさで思い知ることになる。

しかし、これは逆に考えると増量を目指す選手にとってはいい機会とも言うことができる。オフシーズンの食べ方の鍵は、いかに体脂肪を増やさないでいられるかだ。ここはぜひ体組成計を利用して、体脂肪率を自分で監視してほしい。

ただ、ちょっと注意したいのは、みんなの世代は成長期なので、ある程度の自然な体重の増加は許容範囲と考えてほしいこと。健全な成長に必要なエネルギー量があるし、基礎代謝も高いので、ちょっと体重が増えたからと極端にエネルギー量を制限してしまうと、体調を崩したり、基本的な体力を落としてしまうことになりかねない。この見極めが難しいところだが、そのためにも体組成のチェックを習慣にしておきたい。

☑ 食べ物と向き合う時間を作る

実際に食べる量と内容は、自分のチームの練習量がオフシーズンにどれくらい減るかによるが、目安としては、体重が増えてくるようであれば、練習量に対して食べる量が多いと考えていいだろう。

体組成を測って、除脂肪量、つまり筋肉量が増えての体重増ならいいが、体脂肪が増えている場合は、エネルギー源の糖質を抑えるとともに、脂肪も少なめにし、たんぱく質源の量は確保する。具体的には、ごはんと肉の脂身を少なくし、それによって摂取エネルギーがかなり減った分を補う意味も含め、たんぱく質が豊富な肉の脂身以外の部分や魚を増やすなどしてコントロールする。チーム練習が減った分、筋力トレーニングを中心とした自主練習を多くして筋肉量を増やすのもひとつの手だ。

それ以外の日常の食事は、いわゆる「バランスのいい食事」が基本。1食ですべて網羅するのは無理でも、食事時間が十分に取りやすいオフシーズンであれば、せめて一日の中で、主食、主菜、副菜、乳製品、果物のラインナップが揃うようにしたい。

トライ09で試合前には控えた方がいいと書いた食物繊維は、オフシーズンにはむしろ積極的に摂ってほしい成分になる。

トライ05の糖質のところで説明したように、食物繊維は、炭水化物の構成成分。ただし、糖質とは違い、エネルギーは低く、野菜に含まれる食物繊維のエネルギーは、ほとんどゼロだ。食物繊維は、糖質のような優秀なエネルギー源にはならないが、その代わり独特の働きがある。

腸内で消化吸収されず、腸内の有毒物質を道連れにして排出してくれるのだ。さらに、脂質の代謝を促す働きもある。体脂肪を溜め込みたくないオフシーズンには意識して摂りたい成分だ。他にも、便秘予防、肥満予防、腸内環境の正常化などの効果もある。

食物繊維を多く含む食べ物は、ヒジキやワカメなどの海藻類や、切干し大根、きのこ類、ごぼうやオクラなどの野菜と、成長期のみんなにとって地味な食材が並ぶ。サラダに入れたり、味噌汁の具にしたり、炒め物に加えたり、チマチマとでもいいから食べるようにしよう。

食事の時間は、いつものようにガッツクのではなく、せっかく時間があるのだから、食べ物とじっくり向き合って食べてほしい。

単に魚を食べているということではなく、その魚が鯵なのか、鮭なのか、鮪なのか鰹なのか（魚の名前、読めたかな?）を認識して味わう。野菜を食べているということではなく、今、箸でつまんだのはトマトなのか、きゅうりなのか、キャベツなのかレタスなのかを目で見て確かめて口に入れる。

せめてオフシーズンの時だけでも、自分の体を作ってくれるありがたい食べ物とアイコンタクトを取っておこう。

Water Break

和菓子と洋菓子の特徴を押さえる

心のリラックスのために、たまにはお菓子を食べたい。でも、体脂肪はつけたくない。オフシーズンのジレンマ。お菓子に手を伸ばす時の参考のために、和菓子と洋菓子の特徴を押さえておこう。

一般的には、和菓子の方が洋菓子よりも脂肪は少ない。洋菓子は、クリームやバターを使ったものが多いからだ。砂糖と脂肪を多く含むものは、体脂肪も増やしやすい。体脂肪増加の心配を第一に考えるのであれば、和菓子の方が安心できる。どうしても洋菓子と言うのであれば、生クリームよりもカスタードクリームの方が脂肪が少なくカロリーも低めだ。

一方、和菓子は意外に自然派だ。大福やまんじゅうの皮は、餅米の粉や小麦粉で作られている。穀類由来だ。あんは、砂糖は使うにしても、小豆などの豆類や、かぼちゃや栗なども材料になる。羊羹やくず餅などには、寒天やくず粉が使われている。洋菓子のバターやクリームが動物系なのに対し、これらはどれも植物系。低脂肪に加え、多少ではあるが、ビタミン、ミネラル、食物繊維も含まれている。「和」にはやはり優しさがある。

ケガと食事の密接な関係

忍び寄るケガの影を吹っ飛ばせ。

☑ 静かに進行する疲労骨折に要注意

タックルなどで激しいボディコンタクトがあり、そのタックルを避けるためにステップでの急激な方向転換も必要となるラグビー選手は、常にケガと背中合わせにあると認識しておきたい。

相手からのタックルでのケガは、自分ではどうしようもないこともある。備えられるとしたら、しっかり食べてトレーニングをして、強い体を作り上げることしかない。

中高生のラグビー選手に注意してほしいのは、成長期のアスリートに起こりやすいケガ。頑張り過ぎることが原因で見舞われてしまうケガがある。それが、疲労骨折。

疲労骨折とは、スポーツ活動において、外部からのわずかな力が体の同じ部分にかかり続けることによって、骨の分解と形成のバランスが崩れた結果、分解の方が優勢になってしまって発症する骨折のこと。

例えば、マラソンランナーは、長い距離を走り続けることで、アスファルトに打ち続けられたかかとが骨折してしまうことがある。これが疲労骨折だ。骨折と言うと、急激に強い衝撃がかかってボキッと骨が折れることと思われがちだが、静かに緩やかに進行する骨折もある。

疲労骨折が起こる部位は、競技によって特徴がある。ラグビー選手の場合、仙骨（腰の下の尻の真ん中あたりの骨）、大腿骨（太ももの中の骨）、腓骨（膝と足首の間にある細い方の骨）、足舟状骨（足の甲の高い方にある骨）、中足骨（足の5本の指のつけ根の骨）、母指基節骨（手の親指のつけ根の骨）が疲労骨折を起こしやすい。

起こりやすい骨のだいたいの場所を書いておいたが、その骨が疲労骨折を起こせば、ラグビーの練習に大きな影響を及ぼすことが分かるだろう。しかも、疲労骨折を起こしやすいのは、14～16歳前後の骨がまだ成熟しきっていない年代。中高生のラグビー選手は、誰もが注意していなければならないのだ。

疲労骨折のやっかいなところは、気づくのが遅れがちになることだ。ボキッと折れる骨折なら自覚症状と見た目で、「やっちまった」とだいたい分かる。

しかし、疲労骨折は、なんか痛いなぁ、でも我慢できそうだなといった程度から始まることが多い。その痛みが取れないまま放っておいて悪化させてしまう。腰痛だと思ったら腰椎の疲労骨折だったという例は、成長期アスリートに意外と多いケースなのだ。同じ箇所の痛みや違和感が長引くようなら、甘く見ないで、なるべく早めに医者に診てもらった方がいい。我慢するべきところと我慢しなくていいところを判断できることも、アスリートの競技力だと考えてほしい。

日々の練習を頑張って続けたがゆえに骨折してしまったら、泣くに泣けない。疲労骨折に対するディフェンス対策を頭に入れておきたい。

☑ エネルギー不足とカルシウム不足も要因

疲労骨折は、同じ運動を続けたとしても、誰もがなるわけではない。いくつもの要因が重なった結果、疲労骨折という結果が起きてしまう選手がいる。その要因とは、その選手の骨密度、骨の形状、遺伝子、栄養状態、ホルモンなどの骨の強度に関する要因と、運動の強度や頻度、運動する地面の状態、シューズ、体格や体組成などの骨に対する力のかかり方。これらの要因のいくつかが引き金となって引き起こすからややこしい。

また、なりやすい選手の傾向もある。いわゆるやせ過ぎの低ＢＭＩ、疲労骨折した経験のなさ、エネルギー不足、カルシウム不足、血中ビタミンD濃度の低下、筋疲労の蓄積、筋量が少ない、有酸素能力が低い、といった傾向にある選手は、前述の要因が重なると、疲労骨折しやすいとされている。

ここまで見て分かるように、疲労骨折を予防するために、食事にはできることがある。栄養状態をよくすることと、エネルギー不足、カルシウム不足、血中ビタミンD濃度の低下は、日常の食事によって、防ぐことができるか、もしくは少なくとも軽減させることはできる。その対策を確認しておこう。

まず、エネルギー不足に関しては、この本の最初の方を読んで、食べる体力をつけ、充分な食事を食べてエネルギーを摂ることが対策となる。ラグビー選手はもちろん、アスリートにとってエネルギー不足を起こすことはケアレスミスと言っていいほど、基本的なレベルの話だ。食べよう、そしてエネルギーを体に取り入れよう。

☑ 特にカルシウムは不足させやすい

そして、カルシウム。おそらくみんなも、骨と言えばカルシウムが大事だということは知っていると思う。しかし、日本人は、カルシウムを摂っている量が少ない。

これには理由がある。日本の水や土壌には、欧米のそれほどにはカルシウムが含まれていないので、ミネラルウォーターや野菜などもカルシウムの量が少なくなってしまうのだ。極端な話、欧米人は水道水を飲んだだけでもある程度のカルシウムが摂れるが、日本人はそうはいかない。自分で狙ってカルシウムを摂らないと不足しやすい状況にあるのだ。

カルシウムは、ミネラル類の中でも推奨摂取量が非常に多い。12～14歳の男子は、1日に1000㎎が、15～17歳だと800㎎が推奨量となる。国際的には1日に1300㎎は摂った方がいいとされているくらいだ。しかし、実際に摂っている量は15～19歳の男子で1日508㎎（平成28年「国民健康・栄養調査」より）でしかない。下手をすれば、摂った方がいい量の半分くらいしか摂れていない場合もあるのだ。これはどう考えてもまずい。

カルシウムを多く含む食べ物は、青菜、乳製品、大豆製品など。牛乳はコップ1杯（200㎖）で230㎎、木綿豆腐は1／2丁で130㎎、小松菜のおひたしは50ｇで75㎎のカルシウムが含まれている。

このようなカルシウムを多く含む食べ物を食べ、デザートとして、カルシウムの吸収をよくする働きのあるビタミンCが豊富な柑橘系の果物を食べると効果的だ。

さらに、カルシウム補給の秘密兵器を教えよう。

カルシウムを添加したタイプの魚肉ソーセージだ。添加と言うと、悪いことのように思うかもしれないが、ここで使われているのは主に炭酸カルシウムや骨カルシウムといった安全性が高いとされているもの。安心してほしい。

手に入りやすいこの普通の食べ物に、商品によっては1本で約670㎎ものカルシウムが含まれている。つまり、魚肉ソーセージを1本食べるだけで、1日の推奨量の半分以上がクリアできてしまうのだ。カルシウム不足が心配される選手や、骨折経験のある選手は、ぜひカルシウム添加の魚肉ソーセージを自分の日常食のスタメンに加えて、ラグビー選手としての屋台骨を強化してほしい。

疲労骨折に関わるもうひとつの栄養素であるビタミンDは、ラグビーのような屋外競技の場合、不足してもそれほど気にしなくていい。しっかりと食べてエネルギーを摂っていれば、その中で自然とビタミンDが摂れていることが多いからだ。また、ビタミンDは、ラグビー選手と同じく、日が当たると元気になる性質を持っている。人間は、日光に当たることでビタミンDを作り出せるのだ。

とはいえ、鮭やしらす干し、鰹やさんまなどの魚介類、それに、しいたけのようなきのこなどのビタミンDを含む食べ物をほとんど食べないと不足することもあるので、注意は必要。そういう食べ物は嫌いだからサプリメントでと考えるのはやめておこう。ビタミンDは、摂り過ぎると悪影響がある。サプリメントだと手軽に量が摂れてしまうので、摂り過ぎになる可能性が高い。食べ物の力をもっと信じよう。

Water Break

ミネラルの性質を利用してカルシウムを効果的に

本文で、カルシウムはビタミンCと一緒に摂ると吸収がよくなると書いたが、より効果的にカルシウムを摂取するにはまだコツがある。

カルシウムなどのミネラルには、互いを助け合う相乗作用と、あるミネラルを摂り過ぎると他のあるミネラルを排除しようとする拮抗作用がある。この作用をうまく利用することで、体はカルシウムをうまく使えるようになるのだ。

まずよい作用である相乗作用。カルシウムとマグネシウムは2：1の割合で摂るとお互いの働きを高めることができると言われている。マグネシウムは、海藻類、豆類、野菜、穀物など、いろいろな食べ物に含まれている。不足する心配はほとんどないが、カルシウムを多く含む食べ物を摂った時は、食材の種類が多くなるように食べておくといいだろう。

逆に、リンというミネラルは、摂り過ぎるとカルシウムを追い出そうとする働きがある。リン自体は、ミネラルであることから分かるように人間に不可欠な栄養素。しかし、たんぱく質を摂ると同時に摂取できる上に、インスタント食品やハムなどの加工品に多く含まれていて、今の食生活では摂り過ぎが心配される。カップラーメンやハムが好きなのは分かるが、骨のためにはほどほどにしておきたい。

try 12

ラガーマンならではのコンビニ活用法

コンビニを使い倒せ。

最適でも最適でない場合がある

学校帰りに何も考えず、吸い込まれるようにコンビニに入っていないだろうか。例えば、ファストフードの店なら、その店で食べ物か飲み物を買う目的がなければ入れないが、コンビニの場合、目的がなくても店に入れる。特にほしいものがあるわけでもないのに、練習帰りにまるで習慣のようにコンビニに寄ってしまう選手が多そうだ。

それを食べようと思って店に入ったわけではないのに、新商品が出ていたからと買ったり、おまけがついていたからと買ったりする。それではお金も時間ももったいないし、何よりも、他に必要な栄養素を含む食べ物を入れたいおなかの隙間を無駄に埋めてしまうことにもなる。

ラグビー選手にとって、コンビニはそんなに雑に使っていい店ではない。コンビニは、手軽で貴重な補給基地だ。

基地の役割のひとつは水分補給。時々、コンビニの前で乳酸菌飲料の1ℓ紙パックをわしづかみにして飲んでいる中高生を見かける。体にいいと思っているんだか、そうでないんだかは分からないが、そんな姿をカッコ悪いと思えるだけの知識は身につけておきたい。**トライ07**で水分補給のコツについて書いたが、ここではその再確認をしながら、コンビニでの商品の選び方を紹介する。

普段チビチビチョコチョコ飲むためであれば、ドリンクの基本はただの水。ミネラルウォーターの500㎖ペットボトルでいい。もしくは、お茶。緑茶でもウーロン茶でもブレンド茶でも好きなものを選んでOK。水やお茶なら、ちょっとぬるくなっても飲める。

スポーツをしているんだからといつでもスポーツドリンクを飲む選手がよくいるが、スポーツドリンクは、スポーツをしている最中の飲み物と考えた方がいい。常飲していると、エネルギーを摂り過ぎになる可能性がある。

練習前のエネルギー補給の手助けとしては、スポーツドリンクはOK。エネルギー補給をしたいのに、イメージがいいからとか、新製品だからと、カロリーオフのドリンクを選んでも意味がない。目的からずれないドリンク選びをするように。そして、練習後の筋疲労の回復を目的とするなら、アミノ酸系のドリンクだ。

夏場になると、コンビニのドリンク売り場に「塩分補給に最適」などと書かれたドリンクが並ぶが、これは汗をたくさんかいた時だけにしておこう。夏だからと言って、いつでもこのタイプを飲んでいると、塩分過剰になる。塩分は食べ物からもそれなりの量を摂れている場合がほとんどなので、よほど減塩を心がけているのでなければ、日常のドリンクにはしない方がいい。

夏場に便利なのは、凍らせてあるドリンク。暑い屋外でも冷たさを長く維持できるので、水分を補給しやすい。さらに、バッグの中に弁当などの食べ物がある場合には、近くに入れておくと、簡易的な保冷剤の役目にもなる。

水分補給のためのドリンクとは言えないが、150㎖程度のガラス瓶でビタミンCを1000㎎くらい含んでいるドリンクもコンビニの定番商品。新鮮な果物をあまり食べていない時や、風邪の予防を強化したい時などに利用するといいだろう。

☑コンビニには良質なたんぱく質源がある

コンビニの基地としてのもうひとつの役割は間食補給。「間食＝おやつ＝お菓子」という方程式はラグビー選手には通用しない。正しい方程式は、「間食＝補食」。つまり、必要だったり、足りなかったりするものを補う食べ物を摂ることを間食と言うのだ。

コンビニは、売っている点数自体が多い上に、新製品の入れ替えが早く、店、地域、季節によっても商品が違ってくるので、ここでは一般的な商品を例に挙げて紹介しよう。

栄養素で言うと、ラグビー選手にとって、コンビニは糖質とたんぱく質を手軽に補給するための貴重な基地となる。コンビニは、このためだけでも利用価値があると言っていいくらいだ。

たかがそれくらいで何か変わるの？　と思うかもしれない。でも、年に何回コンビニに行っているか考えてみよう。そのすべての時とは言わないが、頭を使った利用を全体の２／３の回数でもすれば、それが積み重なって、体に意味のある補給ができるはずだ。

練習や試合後は、使った筋肉と疲労の回復のために、エネルギー源の糖質と体の材料のたんぱく質を早めに補給したい。すぐに夕食が食べられるのならそれでいいが、家に帰るまでに1時間以上かかるようであれば、とりあえず頼りになるのは、遠くの家より近くのコンビニだ。

鮭のおにぎり、ツナやハムサンドであれば、糖質とたんぱく質の両方を摂ることができる。ポイントは、ごはんやパンのような主食と、肉や魚や乳製品が一緒になっているもの。これに、ビタミンCやクエン酸を補うために、１００％オレンジジュースやフルーツヨーグルトをプラスしてもいい。

トライ04でも書いたように、たんぱく質は一度にたくさん摂るより、一日の中で分けて摂った方が体は効率よく使える。だから、たんぱく質が豊富な商品をコンビニで買って摂るのもおすすめだ。例えば、角チーズ、ゆで卵、ちくわ、それに、鶏の胸肉を味つけしたサラダチキン系の商品など。サラダチキン系は、100gあたり25g程度のたんぱく質を含んでいる。胸肉なので脂質も少なく、プロテインパウダーの力を借りずとも充分な量のたんぱく質を摂ることができる。

ちなみに、サラダチキンがたんぱく質補給の狙い目だとすれば、前の章でも紹介したカルシウム添加タイプの魚肉ソーセージは貴重なカルシウム補給源だ。不足しがちなカルシウムを手軽に摂れるので覚えておこう。

☑ 必要ないものはたいがいレジの近くに

いろいろな種類がある総菜は、補食の意味の通り、その日の食事で補いたいものが入っている商品を選ぶ。中高生の食事で足りなくなりやすい食材としては、海藻や豆類が挙げられる。コンビニには、それを補える海藻サラダやビーンズサラダが並んでいるはずだ。

そして、意外に見落としがちなものの中でおすすめなのが、アーモンドなどのナッツ類。ナッツ類は、ミネラルが豊富。小粒なので、食べる量を自分で調節しやすい。もっとも、食べやすいがゆえに食べ過ぎる恐れもあるのだが……。

ナッツ類は、できれば素揚げタイプを選ぼう。塩で味をつけているものが多いが、それをつまんでいると塩分過多になりやすい。塩分は、ほとんどの食べ物に含まれているので、余計な摂取は避けたい。

　わざわざ選ぶ必要がないものは、たいがいレジの近くに並んでいる。から揚げなどの揚げ物類だ。いかにも作りたてな感じがして魅力的に思えるだろうが、先に挙げたようなコンビニだから気軽に摂れる優秀な商品があるのに、油が多い食べ物をあえて選ぶことはない。1日3食の中にも、充分な量の油は紛れ込んでいる。コンビニで摂った油は、ほぼ余計な油になるだろう。

選手として気になるのは、栄養強化食品だと思う。ゼリーやバーやドリンクやタブレットなど、さまざまな形で特定の栄養素を強化した商品が並んでいる。いかにも元気が出そうなパッケージについ手が伸びる選手も多いだろう。

もちろん、これらは悪いものではない。ただ、意味のある買い物にするには、本当にその栄養素を自分が摂った方がいいかを判断できる知識が必要になる。これらの商品は決して安くない。知識がなければ、イメージだけにお金を払うことになってしまう。栄養強化食品と言っても、それにしかない特別な栄養素が含まれているわけではない。カルシウムだったり、たんぱく質だったり、ビタミンCであったり、「普通の食べ物」に普通に含まれている栄養素を多めに配合しているものだ。それを忘れないでほしい。

そして、最後にひとつ。コンビニの店員さんとちゃんとコミュニケーションを取るようにしよう。黙ってカゴを差し出し、黙ってお金を出して、黙っておつりを受け取るのはやめよう。「これ、お願いします」「ありがとうございます」くらいは人と人のやりとりとして口に出して言ってほしいし、「どうもです！」でもいい。

自分だって、店員さんが無言でレジの数字を指さしたら、いい気持ちはしないだろう。それと同じことだ。元気な挨拶や礼儀正しい声を聞けば、その店員さんは、みんなの応援団になってくれるはずだ。

Water Break

成分表示をチェックするクセをつける

コンビニに並んでいる商品には、ほぼすべてに原材料表示と成分表示がある。その商品が、何から作られ、どんな栄養素がどれくらい入っているかが書かれたものだ。その商品の正体と言っていい。面倒くさがらず、表示をチェックするクセをつけてほしい。

摂りたいもののチェックだけでなく、摂り過ぎないようにしたいもののチェックにも使える。摂り過ぎを注意したい成分のひとつが、塩分だ。親切な商品であれば、成分表示のところに「塩分相当量」として書いてあるが、多くの商品はナトリウムとして表記してある。ここで、方程式をひとつ覚えておこう。

食塩相当量（g）＝ナトリウム量（mg）×2・54÷1000

食塩とナトリウムの単位が違うのでちょっとややこしいが、ナトリウム100mgは、食塩相当量で0・254gとなる。ナトリウムがg単位なら、1000で割る必要はなく、「食塩相当量（g）＝ナトリウム量（g）×2・54」となる。逆に換算すると、食塩相当量1gはナトリウム約400mgだ。

例えば、80g程度あるカップラーメンには、スープを含めてナトリウムが1・9g入っている。食塩相当量にすると、1・9×2・54＝4・826で約4・8gの塩分が含まれていることになる。トライ07で書いた通り、高校生の1日の塩分摂取量は8g未満が目標にされている。スープまで完食すれば、カップラーメンひとつでその半分以上になってしまうのだ。表示のチェックの大切さを理解できるだろう。

try 13

サプリメントの活かし方

サプリメントに飲まれるな。

☑まず、その栄養素が本当に足りていないかをチェック

サプリメント（ｓｕｐｐｌｅｍｅｎｔ）の意味は知っているかな？競技力向上剤ではない。筋肉増強食品でもない。ましてや、アスリートのための魔法の成分でもない。

答は、栄養補助食品。動詞としても、「～を補う」という意味だ。その意味の通り、栄養素摂取を補助してくれる食品。補助ということは、主役は他にある。

主役は、当然、日常の食事。食事を食べた上で、風邪をひきにくくするとか、筋肉をつけるとか、骨を強くするとか、貧血を予防するとかの目的を達成するために、足りなかったり、もう少し補ったりしておきたい栄養素を摂る、それがサプリメントの役割だ。

だから、サプリメントが主役になることは決してない。

想像してみてほしい。サプリメントという名の錠剤やパウダーを水で流し込んでそれで食事の時間は終わりなんて、満足できるだろうか。食事はエサではない。本来の食事が持つ味わいや歯応えや、旬のおいしさや、場の雰囲気や仲間との会話や、手に感じる食器の重さを楽しめるのは、人間だけの特権だ。みんなは、ラグビー選手である前に人間なのだから、ここは大切にしてほしいと思う。

などと書くと、サプリメントを否定しているように思うかもしれないが、そうではない。サプリメントだって「食品」なのだから、摂る意味もメリットもちゃんとある。

ただ、誰かにすすめられたからとか、カッコいいからとか、みんな摂っているからとかいう理由で摂取するのではなく、摂るのであれば、摂る必要性を説明できるようにしてほしいのだ。自分の体の中に入れるものなのだ。普通、よく分からない錠剤やパウダーを口から摂りたいとは思わないはずだ。それに、栄養素には、摂り過ぎが害になるものもある。やたらに摂ればいいというものではない。サプリメントの中には、特定の栄養素や成分が、食べ物に含まれる何倍もの濃度で入っているものもある。自分で口にした限りは、万が一、体が不調になっても自己責任であることを肝に銘じておこう。

分からなければ、インターネットで検索して調べてみよう。検索結果の一番上に出てきたものをチラッと見て終わりではない。賛否両論あるかもしれない。メリットとデメリットを併せ持っているかもしれない。納得がいくまで調べてほしい。

自分が摂る意味を納得できて初めて、サプリメントはみんなの味方になる可能性を持つ。

☑食事をしっかり摂れば、プロテインパウダーはほぼ必要ない

ラグビー選手に人気ナンバーワンのサプリメントは、おそらくパウダータイプのプロテインだろう。飲まないとラグビー選手になった気がしないから飲んでいるというような選手がいそうだ。

再確認しておくが、プロテインは、たんぱく質の英語名。プロテインという特別な栄養素があるわけではない。

プロテインパウダーを飲んでいると調子がいいとか、疲れが取れやすいとかいう声を時々聞くことがある。「やっぱりプロテインは効くっす」と得意気だったりするのだが、よく話を聞いてみると、たんぱく質自体が足りないわけではなく、プロテインパウダーに添加されているビタミンやミネラルなど、他の栄養素のおかげらしいということがある。要するに、普段の食事でたんぱく質を重視するあまり、野菜や果物やきのこなどのビタミンやミネラルを多く含む食べ物が足りていないことがあるのだ。

プロテインパウダーを飲むにしても、まずは栄養素補給の主役である普段の食事内容をチェックすることが欠かせない。

中高生のラグビー選手であれば、一日に体重1kgあたり2gのたんぱく質を摂ることが目安となる。体重70kgの選手であれば、140gだ。この目安量を、トライ04のたんぱく質の説明でも書いたように、一日の食事の中で分けて摂りたい。

いくつかの食べ物に含まれるたんぱく質のだいたいの量を見てみよう。

焼き鮭100gには、29g。トライ12のコンビニで登場したサラダチキンには、100gで25g。ゆで卵1個（50g）に6g。ちくわ1本（30g）に3・7g。角チーズ1個（18g）に3・5g。ごはん大盛り1杯（500g）に12g。

仮に、右のラインナップを全部1食で食べれば、たんぱく質は87・5g。目安量の半分以上を摂れてしまうのだ。ラグビー選手は、帰宅部の友人よりは食事の量が多いはずだ。だから、1日3食に補食を摂っていれば、よほどのことがない限り、たんぱく質は不足しない。

目指すのは、ボディビルダーのような体ではないのだから、プロテインパウダーをやたらに摂る必要はない。食事をチェックして、たんぱく質が足りないのであれば、候補のひとつとしてプロテインパウダーに登場してもらおう。

たんぱく質は、肝臓で分解されるが、摂り過ぎると肝臓に負担となる可能性がある。だから、摂るとしても、プロテインパウダーのパッケージに書いてある量にただ従うのではなく、食事から摂れているたんぱく質の量を考えて加減することが大切だ。

☑簡単に摂れ過ぎて害になることもある

ビタミンやミネラルのサプリメントも、いろいろな種類が店に並んでいる。これらは、自分にその栄養素が不足していることが明らかであれば、摂った方がいいサプリメントだ。その時々の事情で、ある栄養素が食事からうまく摂れなかったのであれば、サプリメントからでも補充しておいた方がいい。

手軽だからこそ、ビタミンやミネラルのサプリメントで注意したいのは、過剰症のある栄養素のもの。摂り過ぎると体に何らかの悪影響を及ぼす可能性があるものだ。

水に溶けず、油に溶ける脂溶性ビタミンには過剰症が心配されるものがある。ビタミンA、Dがそれに該当する。

ミネラル類では、ナトリウム、リン、鉄、マグネシウム、銅などには過剰症がある。特に、ミネラル類の多くは、もともとの摂取目安量が極めて少ない。食べ物として摂っている限りでは、摂り過ぎになる心配はあまりないが、サプリメントで一気に摂ると危険性が高まる。数種類のサプリメントを摂ったりすると、それぞれに少しずつ過剰症の心配がある栄養素が含まれていて、合わせるとそれが大量になることもあるので注意が必要だ。サプリメントをやたらに摂らない方がいい理由は、こんなところにもある。

また、アスリートは、競技によって男子選手でも貧血に悩まされることがある。貧血だから鉄を摂らなきゃとばかりに、鉄のサプリメントに安易に走ると、鉄の過剰症になる可能性がある。鉄のサプリメントが助けになるのは、鉄欠乏性貧血の場合だけだ。貧血には、他にも要因がある。医者などの専門家のアドバイスを聞いて、鉄のサプリメントを飲んだ方がいいかどうかを判断するようにしたい。

　ビタミンやミネラルなどの一般的

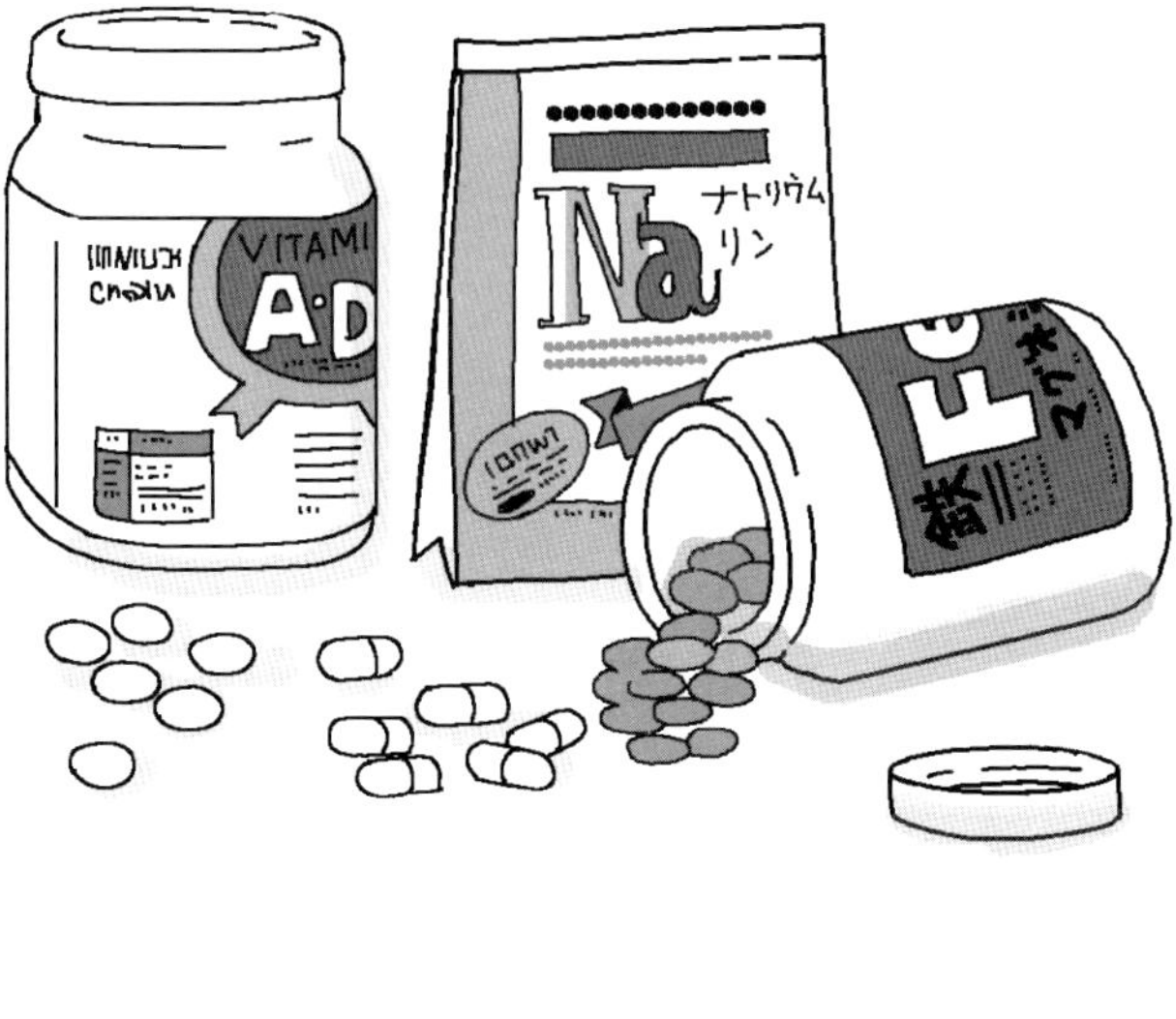

な栄養素以外の、耳慣れないカタカナ名のサプリメントもたくさんある。中には、アスリートを対象にしたような売り文句が書かれているものもある。

これらのサプリメントの「効果」や「作用」は、研究対象者の数が少なかったり、研究期間が短かったり、ある特定の条件下での結果だったりすることがある。販売が許可されている限り、摂って悪いものではないが、その選手にとって意味があるかどうかはまた別の話だ。例えば、「歳を取るにつれて減ってくるので、それを補充した方がいい」などと宣伝される栄養素は、若いみんなにはまだ必要ない。

サプリメントは、時間もかからずに飲めて、便利なものではある。だから、サプリメントに慣れてしまうと、とりあえずサプリメントを摂っておこうと頼り過ぎて、食事への意識がおろそかになりやすい。

繰り返すが、食事があってこそのサプリメントだ。その逆には決してならない。

Water Break

外国のものには特に注意

職業柄、海外のサプリメントについての質問を受けることがある。多くは、遠征で行った海外で流行していたサプリメントだったり、有名な海外選手が飲んでいると評判だったりするものだ。私に飲んでいいか、もしくは、飲んだ方がいいかを聞いてくること自体、本人はちょっと不安に思っている証拠でもある。もっとも、専門家に意見を求めようとするだけ、知らないサプリメントに対して慎重だとも言える。

信頼できる情報を持っていなければ、海外のサプリメントは摂らない方がいい。

中身がはっきりしていないことが一番の問題。海外のサプリメントには、栄養素の濃度が高いものも多い。1日の摂取目安量の数倍は当たり前で、数十倍も含まれているものも珍しくない。言うまでもなく、栄養素はたくさん摂ればいいというものではない。

それに、海外の選手とは食べている食事が違うから、摂れている栄養素の量も違う。そのサプリメントに含まれている栄養素が日本人選手にも必要とは限らない。

さらに、海外と日本では、食品添加物などの禁止成分が異なる。日本では禁止されている成分が入っている可能性もある。

海外の一流選手に憧れたり、彼らから取り入れたりするのは、ウェアのブランドくらいにしておいた方がいい。

try 14

ラガーマンの弁当の形

ドカ弁を丸ごと力にすべし。

☑弁当箱の容量は合計1500～2000㎖が目安

手作り弁当は、ラガーマンの宝箱だ。保護者や寮の方に手作り弁当を用意してもらえる環境にあるのなら、まず、そのことに感謝しよう。一度でも自分で体験してみれば分かると思うが、弁当を作るのは本当に大変なことだ。ほぼ毎日だとしたら、感謝してもしきれない。みんなにできるのは、残さず食べて、体作りにしっかり励むことだ。

おそらく多くの選手は、朝起きたら用意されている弁当箱をただ持って学校に行っていることだろう。自分で作ろうとまでは言わないが、「ラグビー選手の弁当のあり方」くらいはせめて頭に入れておいてほしい。そうすれば、弁当を食べる意味を理解できるし、中身に対してリクエストもできる。弁当を体作りによりうまく役立てることができるだろう。

自分の弁当を見直してみよう。まずは、外側、弁当箱だ。

さすがにかわいいキャラクターがついた弁当箱を愛用している選手はいないと思うが、問題は見た目ではなく大きさ。自分の弁当箱の大きさを再確認してほしい。

弁当箱の裏に容量が書かれていれば、それをチェック。書かれていなければ、弁当箱に水を入れてその量を量ってみよう。弁当箱の容量（㎖）は、その弁当箱に詰めた食べ物で摂れるエネルギー（ｋｃａｌ）の目安となる。

高校生のラグビー選手の場合、１日の食事で４５００～５０００ｋｃａｌ摂る必要がある。１日３食とすると、弁当箱が活躍する１食分として、１５００～２０００ｋｃａｌはほしい。

つまり、ラグビー選手の弁当箱は、１５００～２０００㎖の水が入るくらいの大きさであるべきなのだ。２ℓのペットボトル１本分の水が入る大きさだから、かなりデカい。普通に売っている弁当箱は、８００㎖程度のものが多いから、ふたつは必要になる。大きさにビビっている場合ではない。その中に詰められたものをすべて自分で食べるのだ。

☑ 持ち出す前に自分で中身を確認する

その大きさの弁当箱に何をどう詰めるか。季節や選手それぞれの環境によるだけに、完成した弁当は、その選手のオリジナル作品と言ってもいい。

２段重ねの弁当箱を例に挙げてみる。下の段と上の段の箱の大きさに差があるのであれば、大きい方にごはんを詰め、小さい方におかずの主菜や副菜を詰める。これが基本の形。

弁当箱全体の容量がもし小さいようであれば、弁当箱自体を大きくすることを考える。もしくは、その弁当箱にはすべておかずを詰めることにして、主食はおにぎりなどでまかなうという手もある。

大切なのは、自分に必要な量が、自分にとって一番食べやすい形になっていること。作ってくれる人にその形を伝えられるようにしておきたい。

理想を言えば、中身自体は作ってもらうにしても、それを弁当箱に詰める作業は選手自身でしたいところ。自分の手を使うことで、食べ物との距離が縮まり、自分の口から体の中に入るものの姿を自身の目ですべて確認できるからだ。

しかし、なかなかそうできないことも理解できる。ならば、せめて持っていく前に中身の確認をしてほしい。

置いてある弁当箱をそのままカバンに入れるのではなく、ふたを開けて、今日、自分が食べるものは何かを目で見て、それからふたを閉めてクロス（布）で包み、カバンに入れる。

この工程が入ることにより、足りないものがあったら、その場で補充することができる。野菜が足りないようなら、プチトマトをサッと洗って加える。たんぱく質源が足りないようなら、角チーズを一緒にしてクロスで包む。それくらいは、選手が自分でできるだろう。中身も確認せずに、何が入っていなかったとか、何が少なかったとか、あとから文句を言わないように。

また、食べる状況によっては、弁当の形式自体を変えた方がいい場合もある。試合前や練習の合間に食べなければいけない状況では、弁当箱を抱え込んで食べている時間がない時もあるだろう。

そんな場合は、作ってくれる人にあらかじめ伝え、小さめのおにぎりを何個か持っていけるような小分けにしてもらっておこう。アルミホイルに包んだ小さめのおにぎりなら、空いている時間に合わせて少しずつ食べることができる。時間がなくて途中で残してしまい、傷みやすい状況になるということもない。

野菜も、先に挙げたプチトマトや、持ちやすい形に切ったきゅうりやセロリなどに軽く塩をふっておけば、そのままかじることができる。

ゆで卵や角チーズ、ひとつずつ包装されたかまぼこやちくわ、カルシウム添加タイプの魚肉ソーセージなどもおすすめだ。このあたりのものはコンビニで調達してもいいだろう。

おかず類は、手で直に触ったり、箸を使わなくても済むように、フォークやつまようじで食べられるサイズにしておくと、試合会場やベンチ裏、校庭の隅など、選手の「現場」

で食べることが容易になるだろう。

☑弁当の管理はすべて選手の責任

弁当は、作ってくれた人の手を離れた瞬間から、その管理は選手の責任となる。自分が食べるものなのだから、それは当たり前のことだ。

高校生のスポーツ大会での食中毒は、繰り返し注意を促されているが、それでも毎年のように発生してしまう。何カ月もかかってコンディションを合わせてきたのに、たった1食への不注意のためにグラウンドにさえ立てないなんてことは絶対に避けたい。

試合の待ち時間にスタンドの直射日光の当たる場所にカバンごと放置なんてもっての外。食べ残して唾液のついたものをまた弁当箱に戻すのもダメ。

おかずもできる限り水気の少ないものにし、詰める際には水気をよく切る。ごはんも、水分が多くなる炊き込みごはんはやめておく。水気は水気でも、殺菌作用のある酢の物をおかずの中に入れ込む。同じく殺菌作用のある梅干しをうまく使う。刻んだ梅干しの混ぜごはんなら、安心度がかなり高まる。

温度管理にも注意を払いたい。夏場であれば、凍らせたペットボトルのドリンクがコンビニで売られているので、それを弁当箱と一緒に包んでおけば、保冷剤代わりになる。

デザートにするフルーツゼリーも凍らせて弁当箱と一緒にしておけば、これも簡易的な保冷剤になる。しかも、おいしい。

最後に一言。家や寮に帰ったら、弁当箱をテーブルの上に置くだけではなく、できれば自分で洗っておきたい。そこまでできなければ、弁当箱を水につけておくだけでもいい。これをするだけで、作る人はかなり楽になる。もちろん、寮などで規則があるなら、それに従うことが前提。そして、「おいしかったよ」と感謝の気持ちをつけ加えればなおいい。

想像すれば分かると思うが、大変だなぁと思いながら弁当を作るのと、感謝してくれているから頑張って作ろうというのとでは、中身の充実度にも少しは差が出てくるだろう。練習で疲れているだろうが、その中でできることをやってみてほしい。

弁当がみんなの力になるとしたら、みんなからの感謝の気持ちや笑顔は、作る人の力になる。

Water Break

緑黄色と淡色を合わせて350gの野菜

厚生労働省は、一日に350gの野菜を食べることを目標に定めている。そして、その内の120gは緑黄色野菜で摂ることをすすめている。野菜は、大きく分けると、この緑黄色野菜と淡色野菜のふたつに分類される。きっと聞いたことがあると思う。

名前だけ見ると、緑や黄色の野菜が緑黄色野菜で、白っぽい淡い色のものが淡色野菜のように思えるが、この分類は実は色ではなく、含まれているカロテンの量によって決まっている。

緑黄色野菜は、アスパラ、オクラ、小松菜、春菊、トマト、にんじん、ピーマン、ブロッコリー、サニーレタスなど。淡色野菜は、キャベツ、白菜、ごぼう、もやし、玉ねぎ、なす、きゅうり、レタスなど。ひとつの野菜でふたつの分類を持つものもあり、大根やねぎの白い部分は淡色野菜だが、葉は緑黄色野菜だ。だいたいの目安として、色の濃い野菜は緑黄色野菜と考えていい。

中くらいのトマトが100g弱くらいだから、これを2個食べれば緑黄色野菜の目標量はクリアできる。野菜350gは、キャベツの千切りやレタスなどの生野菜だけだとたくさんに見えてしまうが、火を通した野菜であればカサが減って量が食べやすくなる。弁当に入っている野菜の煮物などは、残さず食べたい。

try 15

進学先で活躍するための接続期の過ごし方

ラガーマンよ、上を目指せ。

☑上で勝負するには自己管理が必要

新しいことにチャレンジするのも素晴らしくて大切だが、中学もしくは高校の3年間をラグビーでせっかく頑張ってきたのだから、卒業後も高校や大学で続けてほしいと思う。本気で体をぶつけ合えるのは、このあと、そう長くないのだから。

下の学校を卒業してからの上の学校に入学するまでの期間は、接続期と呼ばれる。アスリートのコンディショニングにおいて、この接続期は特に注意すべき期間になる。部活がなくなる分、自分で自由にできる時間が増えるからだ。

朝練や夜練もなくなり、食事をゆっくり食べることができる。これはいいことではあるのだが、その分、量を食べ過ぎる可能性も増える。友だちと過ごす時間も増え、お菓子をつい買い食いということもあるだろう。また、受験勉強をする選手も多いはずで、夜食が習慣になることもある。

たくさん食べるのはいいことだ。しかし、接続期は、現役時代のような厳しい練習はしていないはず。消費するエネルギー量は圧倒的に少なくなっているのだ。にもかかわらず、以前と同じように、もしくはそれまで以上に食べていては、上の学校のラグビー部に入部する時には、脂肪での体重増加により、体のキレが失われている恐れがある。ここが接続期特有の難しさなのだ。

高校時代に日本代表になった経験を持つ元選手に聞いたことがある。〝高校から大学に進むと、コンタクトの激しさが全然違うので、センスだけでやってきた選手はつぶされて終わり。より高いレベルのパワーとリカバリー力が必要になる。そのためには、自己管理をしっかりしないとダメ〟とのことだった。

接続期のコンディショニングがうまくいかないと、進学先で出足からつまづくことになる。体にキレがないのに、いきなり上のレベルについていこうとすると、ケガをする恐れもある。ただでさえ高校時代とはレベルが違うのだから、ここでの遅れを取り戻すには相当な努力をしなければならない。

そんなことにならないためにも、接続期の過ごし方は重要なのだ。

☑ 運動量に合わせて食べる

接続期は、まず、摂取すべきエネルギー量の再確認をしたい。

練習の量や負荷の大きさが現役時と変わらないのであれば、以前のままで問題ないが、おそらくほとんどの選手の場合、接続期には練習量が落ちるだろう。練習の量に見合ったエネルギー量を摂れるように、食事を見直してみよう。

どのくらい落とすかは、選手それぞれの練習量や体格などによるので、一概には言えないが、食事からのエネルギー量を落とす場合は、食事の量をただ少なくするのではなく、たんぱく質や糖質の量をしっかり確保しながら、脂質の量でコントロールしたい。

習慣化していたはずの補食も、接続期の状況で補食によるフォローが本当に必要かどうか再考してみる。日常的なトレーニングができているなら、補食でエネルギーや栄養素を補っておきたいが、トレーニング量が少なくなっていたり、不規則になっていたりするようなら、補食は過剰になる可能性もある。

また、食べる時間が取れるし、練習量が減って消費エネルギー量が少なくなっているし、疲労で食欲がなくなることもないしというこの時期は、考えようによっては増量したい選手にとっては絶好のタイミングになる。筋肉量を増やして増量できるように、適切なトレーニングをしながら、たんぱく質をしっかり摂るようにしよう。

☑ 食傾向や食材と向き合う時間を作りたい

自分の好き嫌いや偏食の洗い出しもやっておきたいことのひとつ。普段、これは食べたくないと何気なく避けているものがどの食べ物かを自分で把握するのだ。嫌いだったり苦手だったりするものが、実はほかの調理法だったら食べられていることがわかるかもしれない。例えば、トマトが嫌いだと思っていたのに、パスタのトマトソースは普通に食べていたり……。

嫌いなものが分かれば、自分に不足しやすい栄養素も分かる。また、栄養摂取は積み重ねだから、将来的に体に不調を感じた時には、ある食べ物を避けていたことが理由で、そこに含まれる栄養素の不足が原因と分かる可能性もあり得る。

もちろん、できれば食べたくないものや、どうしても食べられないものがいくつかあっても、それは仕方がないことだ。無理矢理にでも食べろとまでは言わない。ただ、いろいろなものを食べられるということは、それだけいろいろな栄養素を摂れるチャンスが増えるのだと頭に入れておこう。それは、ラグビー選手の体作りに大きなアドバンテージとなる。

あとは、自炊へのチャレンジ。

食事は自動的に出てくるものだと今まで思っていた選手は、なんでわざわざ自分で作らなければいけないのかが分からないかもしれない。しかし、大学に進学すれば、一人暮らしをすることになる場合もある。一人暮らしの大学生というのは、たいがい、人生の中で一番お金に苦労する時期だ。ラグビー選手の食事量を外食だけでまかなうのは、お金がかかり過ぎる。自炊を組み合わせながら、食生活を安定させることが得策なのだ。

自炊に対するみんなのモチベーションを上げるために、P116～126で紹介している元オールブラックスのアイザック・ロス選手の言葉を抜粋しておこう。彼は、母国ニュージーランドのU21代表に選ばれたことで、「だらしなかった頃」の食事を変えたと言っている。

「ラグビー選手として成功したい一心で、食事について学び、実行しました。（中略）夕食は基本的に自炊をするようになりました。（中略）ラグビー選手として成功したいなら、食生活を変えなければいけません。そのためには、自分を律することも大切です」

ロス選手は、若い頃に自炊をすることで、トップへと上り詰めたのだ。

1日3食すべてを自炊しようというわけではない。一人暮らしでの体作りをより効果的にするために、自分の食生活の中に自炊をうまく取り入れようということ。ただし、主食、主菜、副菜などをちゃんと作らなければいけないのが自炊とのイメージは捨ててしまおう。自分で食べるものの何かを自分で作ることが自炊。ルールを作るのはみんな自身でいい。ごはんを炊くだけでもいいのだ。

ごはんを自分で炊けば、エネルギー源のベースはそれで確保できる。コンビニ弁当では足りないごはんの量も、自分で調節できる。毎回炊くのが面倒ならば、冷凍しておけば日持ちもする。食べたい時に食べたい量を解凍するだけだ。

おかずはレトルトカレーでもいい。安売りしている時に買い込んでおけば経済的だ。冷凍ごはんを解凍して、スープに入れてリゾットのようにしても手軽に食べられる。ごはんがあるだけでいろいろ工夫できるのは、日本人ならではだろう。

自炊によって調理する前の食材と触れ合う、これにも意味がある。

いわゆる「3合メシ」は計量カップだとどれくらいの米になるのかが分かる。山盛りのキャベツの千切りが、実は葉の状態だと1枚分もなかったとか、生の肉を触ると、手にこんなに脂がつくのかとか、ほんのわずかな乾燥ワカメを水で戻すと、思っていた以上の量になるとか、自分で食材に触れなければ分からなかった、でも実はとても当たり前のことを実感できる。自分の体の中に入るものの正体を知ることができるわけだ。

まずはごはんからスタートさせ、触れ合う食材の種類が徐々に増えてくると、ひと工夫しながら自分で料理することが楽しくなるかもしれない。この本の第2部のレシピ集の中で、作れそうなものからチャレンジしてみてほしい。そうして身につけたスキルは一生ものだ。今までよりずっと長いこの先の人生でも役に立つ。

Water Break

缶詰は自炊の味方だ

ごはんを炊くのはいいけど、おかずを作るのが面倒と思っている選手の味方が、缶詰。缶詰と言うと、お手軽イメージしかないかもしれないが、添加物を使っていない、栄養素が凝縮される、旬の時期の素材を缶詰にするので生に比べて栄養素自体が高いことがある、とにかく日持ちがする、安売りされることが多いなど、メリットは多い。

おすすめは魚の缶詰。一人暮らしでは、魚を焼いてまで食べようとはなかなか思わないだろう。ツナでおなじみの鮪缶や、鰹缶、鯖缶あたりが手に入りやすいだろう。味つきもあるが、水煮缶なら、しょうゆやポン酢をたらしたり、カレーに入れたりと使い勝手がいい。ノンオイルのツナ缶は、優秀な低脂肪高たんぱく食品でもある。あさり缶は、一人暮らしでは縁遠くなりがちな貝を気軽に食べる手段になる。コーン缶、大豆缶、グリンピース缶、マッシュルーム缶などは、いろいろなものへのトッピングとして使いやすい。

注意が必要なのは、桃やみかんなどの果物の缶詰。糖質補給にはなるが、果物に求めるビタミンはほとんど期待できないと考えた方がいい。おやつにはいいが、ビタミン補給は、生の果物からにしよう。

付録

ロスタイムでも負けないための**3つの知恵**

役割ごとに
味方は変わる！

ポジション別
注目の栄養素

重要視される栄養素はポジションによってさまざま。味方の栄養素を中心にバランスよく食事を摂り、ゲームを制そう！

PR（1・3）

キーワード：厚い肉体
味方の栄養素：コラーゲン
味方の食材：手羽先

HO（2）

キーワード：インサイドワーク、柔軟性
味方の栄養素：DHA、クエン酸
味方の食材：鰤（ぶり）、オレンジ

LO（4・5）

キーワード：強い体
味方の栄養素：亜鉛
味方の食材：貝類

FL（6・7）

キーワード：総合力
味方の栄養素：乳酸菌
味方の食材：ヨーグルト

No.8（8）

キーワード：強気
味方の栄養素：鉄
味方の食材：豚レバー

SH（9）

キーワード：軽快さ
味方の栄養素：ビタミンB群
味方の食材：鯖

SO（10）

キーワード：判断力、冷静さ
味方の栄養素：ビタミンC、カルシウム＋マグネシウム
味方の食材：ブロッコリー、小松菜

WTB（11・14）

キーワード：瞬発力
味方の栄養素：たんぱく質
味方の食材：卵

CTB（12・13）

キーワード：スタミナ
味方の栄養素：ビタミンE
味方の食材：かぼちゃ

FB（15）

キーワード：広い視野
味方の栄養素：ベータカロテン
味方の食材：にんじん

キッカー

キーワード：集中力
味方の栄養素：ビタミンB1
味方の食材：豚ヒレ肉

マネージャー

キーワード：几帳面さ
味方の栄養素：パントテン酸
味方の食材：納豆

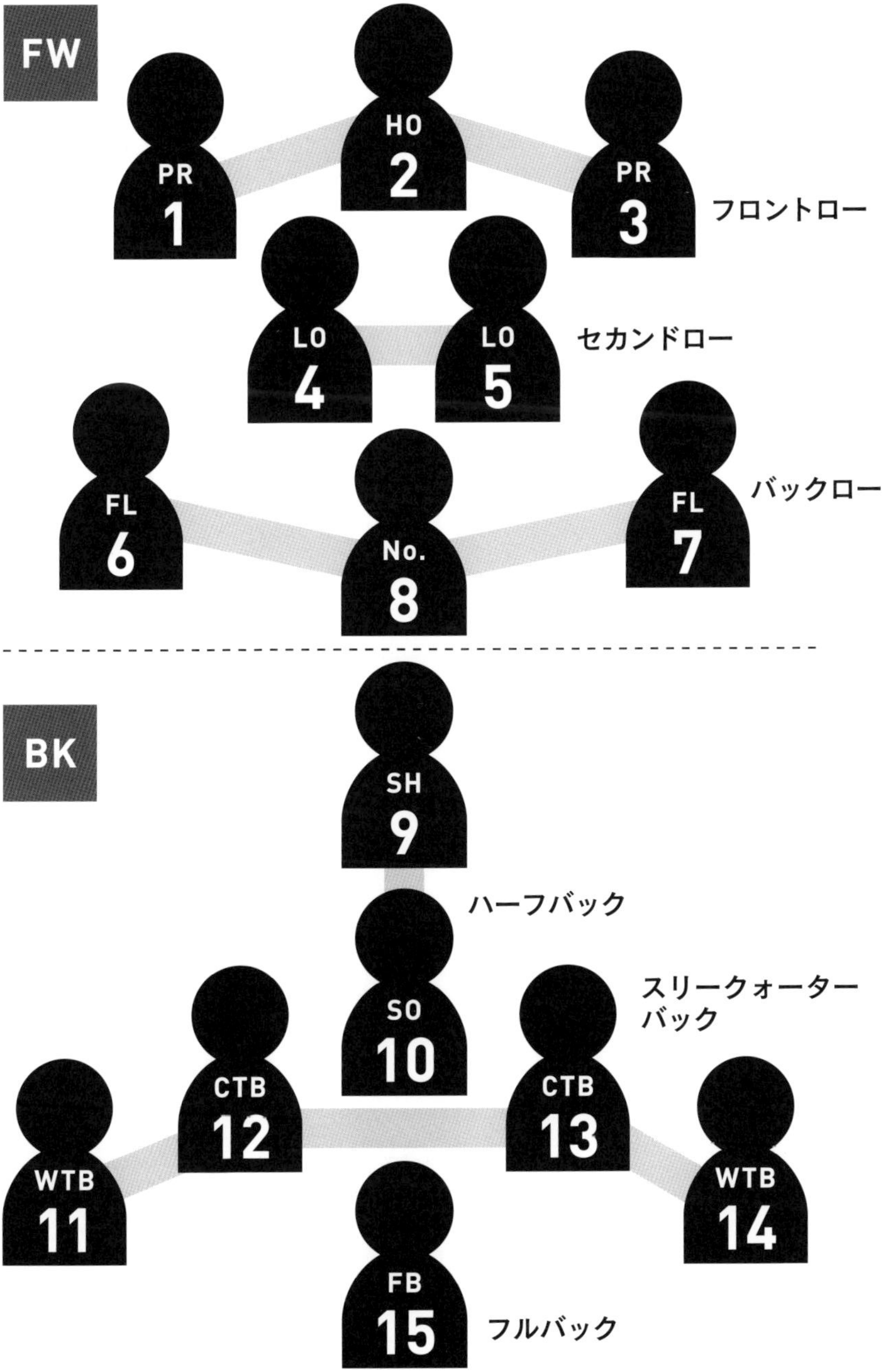
FW
PR 1
HO 2
PR 3
フロントロー
LO 4
LO 5
セカンドロー
FL 6
No. 8
FL 7
バックロー
BK
SH 9
ハーフバック
SO 10
スリークォーター
バック
CTB 12
CTB 13
WTB 11
WTB 14
FB 15
フルバック

オールブラックスの食生活

選手として成功したいなら、食生活の管理は当然。

※本コーナーは『ラグビークリニック』2011年別冊冬季号の再掲載となります。

世界王者・オールブラックスを擁するニュージーランド。頂点を極める選手たちは、どんな食生活を送っているのだろうか。2009年のオールブラックスであるアイザック・ロスに、食生活の大切さを聞いた。

——現在の身長は201センチ、体重は114キロ。小さな頃から大柄だったのですか。

「ラグビーを始めたのは11歳の時。はっきりと覚えてはいないのですが、ラグビーを始めた頃の体重は60キロくらい。NTTコミュニケーションズの友井川主将が70キロ（掲載当時）なので、およそ同じくらいでした（笑）。身長も正確な数字は覚えていないのですが、同じ年齢の他の子どもよりも、常に頭ひとつ分は大きかったことを覚えています。

所属していたラグビークラブのコーチを自分の母親が務めていたのですが、最初の年はSOをやっていて、キッカーも担当していました。翌年は体が一番大き

ニュージーランドにいた頃の年間スケジュール

1月	上旬までオフ　下旬～所属チームのキャンプ	7月	トライネーションズ
2月	スーパーラグビー開幕	8月	ITM CUP
3月		9月	
4月		10月	
5月	スーパーラグビー閉幕	11月	テストマッチ
6月	テストマッチ	12月	上旬までテストマッチ 下旬～オフ

one point

ニュージーランドにいた時は、オフは4週間弱。苦しいシーズンを戦い抜いたから、たまにはごほうびでおいしいものを食べることもあります

チーフス（スーパーラグビー）のスケジュール

朝食
▼
モーニングティー
▼
練習
▼
昼食
▼
アフタヌーンティー
▼
夕食
▼
軽食

軽食
ヨーグルト、シリアルバー、エネルギーバーなど
食事の間におなかを空かせないために、小腹を満たす

one point

「おなかが空いた」と感じたら、もう遅い！　そう思う前に、こまめに栄養補給をする。モーニングティー、アフタヌーンティーは軽食という意味

オールブラックスのスケジュール（基本的に2部練習）

朝食
▼
練習
▼
昼食
▼
練習
▼
夕食

軽食
練習の合間にエネルギーバー

one point

オールブラックスのキャンプの食事は、絶品！食べ過ぎて太らないように、みんなとても注意している

◎NTTコミュニケーションズでのスケジュール

練習日

9:00	朝食	シリアル、ピーチヨーグルト、桃
12:15	間食	リンゴ
12:30	昼食	ミックスサンドウィッチふたつ、巻きずし（豚肉をマヨネーズで和えたもの）
15:30	練習	
18:00	夕食	ミートローフ、うなぎのかば焼き、マカロニ＆エッグサラダ、野菜サラダ、ご飯
20:00	軽食	ビスケット

one point

子どもがよく寝るので、一緒に9時まで寝てしまいました（苦笑）。シリアルは、麦がたくさん入ったものを食べます。巻きずしは、海苔が少し苦手なので、外して食べました

one point

スケジュールの都合で夕食を16:30に食べることがあります。その時は、もう一度軽めの食事を摂ることも。表のようなスケジュールでは、小腹が空いたらビスケットをかじります

試合日

9:00	朝食	シリアル2杯、オムレツ
10:00	チームミーティング	
11:30	軽食	サンドウィッチ
13:00～15:00	試合	
15:00	軽食	サンドウィッチ

one point

試合直後はなかなか食べられない人も多いかもしれませんが、少しでもいいので、栄養補給はすべきです。軽く一口で食べられるものなら、食べやすいですね

ISAAC ROSS（アイザック・ロス）／1984年10月27日生まれ。201センチ、114キロ。2009年、ニュージーランド代表に初選出。現在は日本のＮＴＴコミュニケーションズでプレーする。ポジションはロック。2017年に帰化。

かったという理由で、突破役としてCTBに。そして3年目にチームのラインアウトが弱かったので、背が高いという理由でLOへ。その時から現在まで変わらずにLOをやっています」

――子どもの頃はどのような食事を摂っていたのですか。

「母親が作ってくれる料理を食べていました。アシュバートンというニュージーランドの田舎町だったので、凝ったものではなく、とてもベーシックな料理でした。たとえば、ラム肉、ビーフ、チキンの肉料理があって、それにマッシュポテトが添えてあるような。その中でも、ティーボーンステーキやポテトチップス、目玉焼き、サラダなどが好きでした」

――他の子どもよりも頭ひとつ分大きく成長するには、どれくらいの量を食べていたのですか。

「実は、食べる量は人並みでした。変わっていた点と言えば、食べる速度がとても遅かったことでしょうか。家族と一緒に食べ始めても、いつも僕が最後になります。食事中に、母親が2回も3回も食事を温め直さないといけないほどスローでした」

――進学したティマルボーイズ高校は、全寮制だったそうですね。

「寮の食堂では、当然食事の回数も、時間も決まっています。出されたものをできるだけ早く、たくさん食べないと、おなかが空いてしまいます。高校からは、食べるスピードも、量も増えました」

――寮での食事はどのようなものでしたか。

「母親が作る料理はとてもシンプルなものでしたが、寮の食事は100人以上の子どもたちを飽きさせないように、とてもバラエティに富んだものでした」

U21代表コーチからカミナリ。これが転機だった

――高校卒業後は、ニュージーランドのU21代表の遠征に招集されました。

「高校卒業までは、母親が作ってくれたものや、寮での食事を摂っていましたが、卒業後は、ひとりで生活を始めました。今になって考えると、その頃の食生活はとてもひどいものでした。

自炊をしなかったので、ジャンクフードやインスタント食品ばかり食べて、かなり体重が増えてしまいました。一人暮らしをするまでは105キロだったのが、122キロまでになってしまったのです。U21で最初に試合に出たとき、自分でもあまり動けなかったと感じたのですが、コーチから『次の試合も出すけれど、今後このような体つきで遠征に来るようなら、もう来なくていい』と言われました。さすがに、これはマズいと。ラグビープレーヤーとしての素質はあったと思いますが、栄養管理に関しては知識がなかったので、栄養士の方のセミナーに参加するなど、勉強を始めました。

このことが、自分にとって大きな転機になりましたね」

――どんなことを学んだのですか。

「今思えば、とても基本的なことです。まずは、アスリートとして『あまり食べてはいけな

いもの』『食べていいもの』『たくさん食べるべきもの』などがピラミッド状に書かれたチャートを参考に、食べ物を選ぶようになりました。食べる時間も重要ですね。あまり遅い時間に食べてはいけない、とか。今でも一番大切にしているのは、朝食をしっかり摂ること。当たり前のことばかりですね」

——生活は変わりましたか。

「だらしなかった頃は、朝起きてトーストを食べ、おなかが空いてくるとまわりを見て、目に入ったものを食べていました。街を歩いていて、マクドナルドがあれば入り、ケンタッキーがあればそこで食べるという風に。夕食も、テレビを見ながら電子レンジで温めるだけのようなパスタやピザなど、簡単に調理できるものばかり食べていました。野菜はほぼ摂っていませんでした。手間がかからず簡単で、野菜なしという食生活でした。U21で指導されてからは、朝食はヨーグルトやシリアル、ミルクなど。10時頃にはシリアルバーのような軽食。昼食は肉も野菜も入っているサンドウィッチとフルーツやヨーグルト。そしておなかが空けば、15時くらいにシリアルバーなどの軽食。夕食は基本的に自炊するようになりました」

疲れて夕食を作れないなら、朝のうちに下ごしらえを

——得意料理を教えてください。

「練習が終わって調理するのは疲れていて大変なので、朝のうちに下ごしらえをしておくことを学びました。料理と言っても、母親が作ってくれたようなシンプルなものです。肉、ポテト、野菜といった感じです。例えば、じゃがいもの皮をむき、鍋に入れておきます。野菜は切っておきます。肉は、オーブンに入れる前まで準備してから練習へ行きます。帰ってからゆでるだけ、オーブンに入れるだけで食べられます」

——正しい食生活の重要性を理解しても、実行できない選手もいます。

「オールブラックスやスーパーラグビーでプレーをしてきて、たくさんの選手を見てきましたが、どんなにジャンクフードばかり食べていても、プレーできる体をキープしている選手も過去にはいました。しかし、ラグビーの素質はあるのに、食生活がだらしないばかりに成功できなかった選手も数多くいました。体質には個人差があります。私は太りやすいものや体に悪いものを食べると、すぐに影響を受けてしまいます。ラグビー選手として成功したいなら、食生活を変えなければいけません。そのためには、自分を律することも大切です。好きなものを好きな時間に食べる自由はありません」

——とても大切なことですね。

「ラグビー選手にとって、スキルや練習に対する態度、知識など、必要なことはたくさんあります。その中に、食事をコントロールすることも含まれると思うのです。それに私の場合、食生活を変えることで、体だけでなく他にもいい影響がありました。元々、時間にルーズな面があったのですが、朝食を摂るために朝は早く起きます。昼食も夕食も摂る時間は決まっているので、それに合わせて一日のスケジュールのコントロールが自然とできるようになりました。良い選手になるための身のまわりのコントロールができるようになりました」

――食生活を変えて、体はどのように変化しましたか。

「まず、1日では絶対に変化しません。そして、食べるものをコントロールするのと同時に、エクササイズも行う必要があります。そこではじめて、体に変化が起こります。でないと、脂肪も体重も減りません。食生活を変えてからどのくらいで変化が起きたかは覚えていないのですが、間違いなく効果はありました」

スーパーラグビーでは、体の状況を徹底管理される

――スーパーラグビーでは、食生活も細かく指導されると聞いています。

「昨年まで所属していたチーフスでは、食事を6回に分けて摂るように指導されていました。これは、6回とも量の多い食事を摂るという意味ではありません。朝食、モーニングティー(=軽食)、昼食、アフタヌーンティー(=軽食)、夕食、軽食で6回です。チーフスの考えでは、『おなかが空いたな』と感じた時点で、食事を摂るタイミングとしては既に遅いのです。おなかが空いた時に食べると、本来摂るべき以上のカロリーを摂ってしまいます。だから、おなか

が空く前にコンスタントに食事を摂りましょう、ということでした」

――クルセーダーズではいかがでしたか。

「プロとして最初に過ごしたクルセーダーズは、ニュージーランドでもトップレベルのクラブです。もちろん、栄養管理もトップレベルでした。私はここで、一番多くのことを学びました。クルセーダーズは、選手の日々の体の状況を徹底的にモニタリングするのです。例えば、2〜3週間に1回、皮下脂肪の測定を行います。7カ所の皮下脂肪の厚さを測り、全てを合計した値で体の状況を判断するのです。数値が良ければいいのですが、悪ければ、次の測定まで栄養士が『ミールプラン』を作成し、それに沿って食事を摂ります。また、実際に食べたものを自分で記録し、提出します。レポートと次の測定の数値を総合的に判断し、選手の体がいい方向に向かっているのか、それとも悪い方向に向かっているのかを判断し、悪い方向へ進んでいるなら、さらに指導が入ります」

――食事のタイミングについて、スーパーラグビーではどのように管理されていたのでしょうか。

「スーパーラグビーでは、練習は基本的に午前中に行われるので、みんなで一緒に食事を摂ることはありません。ただ、朝食を摂ってくるのは、選手として絶対のルールです。練習場にはエネルギーバーなどの軽食が用意されています。練習前と練習後にシャワーを浴びて家に帰る前にも軽食を摂り、家に帰ってから各自で昼食を食べます」

――オールブラックスではいかがでしたか。

「オールブラックスに入ると、一日中拘束されますから、食事は栄養士が考えたものをホテルで調理してもらい、みんなで食べます。毎日、午前・午後の2部練習と決まっているので、朝ごはんを食べたら、練習前にはプロテインシェイクやエネルギーゼリーなどを摂り、練習後にはまずスポーツドリンクで水分補給をするようチームから言われていました。そこで選手によってはシリアルバーなど栄養価の高いものを食べます。加えて、マフィンなどを食べる選手がいたり、他にもバナナなど選手が手に取りやすいものが取りやすいタイミングで用意されていました。午後の練習の時も同様です。また、朝食前には必ず体重を量り、それに合わせて水分補給の計画などが立てられました。

オールブラックスのキャンプはごはんがとてもおいしいので、食べ過ぎてしまいがちです。食材は新鮮で品質も良く、調理法も工夫されているので、注意するのが大変です。体重が増え過ぎないように管理しなければならない選手も多かったですね。私はカルボナーラっぽいクリームベースの、鶏肉が入ったパスタが好きでした。炭水化物とタンパク質が補えますから」

オフくらいは、ごほうびを。ただし、カロリー過多には要注意

――食べ物が制限されるオンシーズンを終えると、オフはどのような食生活を送るのですか。

「当然、ひとりのアスリートとしてオンもオフも関係なく節制した食事を摂ります、とウソをつくこともできますが、私も人間です（笑）。シーズン中には控えている脂っこいもの、おいしいものを食べたくなります。時には子どもがマクドナルドに行きたがるから、などと理由をつけて食べに行くこともあります。ただし、ニュージーランドでは完全なオフは、実質的には4週間ほどしかありませんでした。スーパーラグビーが終わると、ITM CUP、そしてオールブラックスと続きますから、オフはクリスマスからニューイヤーの間だけです。とても短い期間なので、この間に少しくらい油の多いものを食べたとしても、体に深刻な影響を与えるまではいきません。一年のほとんどを、体を酷使しながら節制してきた自分に、時にはごほうびも必要です。適度な運動は続けていますけれど」

――オフシーズンに注意していることはありますか。

「たまに、シーズン中と同じ食生活を送ってしまう選手がいますが、それではカロリー過多になってしまいます。シーズン中は練習のために朝は6時に起床して朝食を摂り、練習前後のスナック（＝軽食）を摂った上でランチを食べていましたが、オフになると早起きする必要がありません。8時くらいに起きて朝ごはんを食べ、モーニングティーはスキップ（抜く）します。食べる量は自主的に減らします。感覚として、その時の自分に最適な食事量がわかるのです。ただ、オンとオフの食事の感覚を身につけるのに、私には2シーズン必要でした」

――結婚された現在は、奥さんが管理されているのでしょうか。

「22歳くらいから妻のアーニャと暮らし始めたので、それからは彼女が食事を作ってくれます。自分で食事を作る負担は減りました。基本的には母親が作ってくれていたような、肉と野菜を中心としたメニューです。ニュージーランドでは米を食べることがなかったのですが、日本に来てからは米を炒めたチャーハンに挑戦するなど、いろいろ作ってくれています」

強さには、裏づけがある。

——海老久美子——

本当に驚きました。ニュージーランドには、アイザック・ロス選手のような考えを持つ選手が多いのでしょうか。

最近では、日本の中学生から大学生、社会人の選手の方も、ラグビー選手にとって、食生活がどれほど大切なものか、学ぶ機会が多くなってきました。ですが、実際にその重要性を理解した上で、自ら食生活を変えた方はどれほどいるでしょうか。

栄養のバランスのためにも、経済的にも、自炊をすることをすすめています。けれど、練習や仕事のあとは疲れきっていて、料理ができないと言われれば、それで話は終わってしまいます。しかしロス選手は、練習後に作れないのなら、朝作ればいいという考え。本当に素晴らしいです！

ニュージーランドにはこのような選手がたくさんいるのだとすれば、食事に対する意識からも日本がニュージーランドに勝つことはなかなかできないでしょう。

海苔が嫌いなのに、巻きずしにも挑戦しています。海苔を外してでも食べるのは、糖質として米を高く評価しているのでしょう。

ロス選手の食事に対する考え方、取り組み方、接し方を見習ってください。彼が言うように、食べ方を変えても、1日では変わりません。いかに続けられるかは、本人の意志次第。自分で考えて、自分の体にいいものを選んで食べることが大切です。

20歳を過ぎると成長は止まります。体重も、増えればいいというものではなくなります。自分の体をコントロールするために皮下脂肪を測定して、自分のベストの値を知り、食生活で調節していくのがいいでしょう。体重が減っているのに体脂肪が変わらないのは、筋肉量が減っているということ。体調管理もスムーズにできるようになります。

体作りの方法を変えなければいけない時期（ロス選手の場合は21歳）に、食生活を改められたのは、素晴らしいことです。日本では20代後半、結婚してから考え始める人が多いようです。でも、それでは遅いのです。身体能力をさらに高めていくためにはもちろん、ケガの予防や、長く競技を続けていくためにも、できるだけ早く「食の自立」をすることが大切。絶好のタイミングで食生活の大切さに気づき、実行できたのは大きいですね。

●ビタミンの働きと供給源●

	名称	化学名	生理的はたらき	運動との関連	主な供給源
水溶性ビタミン	**ビタミンB_1**	**チアミン**	糖質からのエネルギー産生過程であるピルビル酸からアセチルCoAへの酸化的脱炭酸に必要。要求量はエネルギー消費量と糖質の摂取量に関連する	不足により最大酸素摂取量の低下。エネルギー消費量と糖質代謝の増加により要求量は高くなると考えられる	豚肉、豆類、種実類、たらこ、海苔
	ビタミンB_2	**リボフラビン**	ミトコンドリアでのエネルギー代謝に関与	筋収縮と神経筋の機能に関連する	レバー、うなぎ、卵、モロヘイヤ、納豆
	ビタミンB_6	**ピリドキシン**	アミノ酸代謝や生理活性アミン代謝、たんぱく質合成に関連する	筋力系アスリートに重要と考えられるが、供給量が高まるという根拠はない	鮪、鰹、レバー、ししとう、にんにく
	ビタミンB_{12}	**シアノコバラミン**	拡散代謝に影響するたんぱく質代謝における補酵素。造血に関連する	筋肉痛をなくすと信じられているが、根拠はない	貝類、さんま、レバー、プロセスチーズ、牛乳
	ナイアシン	**ニコチン酸**	解糖過程において補酵素として働く。組織呼吸と脂肪合成に必要	持久力に関連する可能性がある	鰹、鮪、鰯、レバー、たらこ、まいたけ
	パントテン酸	**パントテン酸**	アセチルCoAの構成成分で、糖質・脂質代謝におけるクエン酸回路の中間基質	根拠未確認	子持ちカレイ、ししゃも、レバー、納豆、カリフラワー
	葉酸	**プテロイルグルタミン酸**	アミノ酸代謝と核酸合成の補酵素	根拠未確認	レバー、菜の花、モロヘイヤ、ブロッコリー、枝豆
	ビオチン	**ビオチン**	二酸化炭素生成の補酵素	一般的に筋肉痛を緩和すると言われている	種実類、大豆、卵、レバー、しいたけ、マッシュルーム
	ビタミンC	**アスコルビン酸**	抗酸化物質、電子伝達物質として多くの酵素的反応に関与。コラーゲンとカルニチンの合成に関与	暑熱への順応を高める可能性がある	赤ピーマン、芽キャベツ、ブロッコリー、柑橘系フルーツ
脂溶性ビタミン	**ビタミンA**	**レチノール**	明暗への順応。成長促進に関連	根拠未確認	うなぎ、銀鱈、レバー、にんじん、ほうれん草、春菊
	ビタミンE	**αトコフェロール**	脂質の過酸化から細胞膜を防御。赤血球の溶血を防ぐ	高強度、高地でのトレーニングに有効な可能性がある	植物油、種実類、虹鱒、ツナ缶、西洋かぼちゃ、すじこ
	ビタミンD	**カルシフェロール**	小腸と腎臓でのカルシウムとリンの吸収促進および骨形成	根拠未確認	鮭、さんま、ひらめ、ちりめんじゃこ、きくらげ、干ししいたけ
	ビタミンK	**フィロキノン**	血液凝固の活性化、骨形成の促進、動脈硬化の抑制	根拠未確認	納豆、モロヘイヤ、つるむらさき、小松菜、ほうれん草、抹茶

【「『公認アスレティックトレーナー専門科目テキスト９ スポーツ栄養』、（財）日本体育協会」より一部改変】

●ミネラルの働きと供給源●

	名称	主なはたらき	欠乏症	過剰症	主な供給源
マクロミネラル	**カルシウム(Ca)**	強い骨や歯を維持し、身体のさまざまな機能を調節する	くる病、骨軟化症、骨粗鬆症、手足のふるえ	泌尿器系結石、ミルクアルカリ症候群、他の無機質(ミネラル)の吸収阻害、便秘	牛乳、乳製品、骨ごと食べられる小魚、緑黄色野菜
	リン(P)	骨や歯を作る。エネルギー代謝にも必須	骨折	カルシウム吸収の抑制、副甲状腺機能亢進	日常摂取する食品に多く含まれている
	マグネシウム(Mg)	循環系と骨の健康を支える	虚血性心疾患		海藻類、大豆、穀類、野菜類
	カリウム(K)	細胞機能を支え、生命活動を維持する	筋無力症	通常の食生活では過剰症が問題となることは少ない	日常摂取する食品に多く含まれている
	ナトリウム(Na)	生命活動の根幹、細胞機能を維持する		高食塩摂取は高血圧の発症と関係する	日常摂取する食品に多く含まれている
ミクロミネラル	**鉄(Fe)**	赤血球の成分として全身に酸素を運ぶ	鉄欠乏性貧血、スプーン状爪	長期摂取に伴う鉄沈着症、鉄サプリメントの誤飲による急性中毒	レバー、しじみ、あさり、緑黄色野菜、大豆、大豆製品
	銅(Cu)	酸素の構成成分として、赤血球の形成などに働く	貧血		レバー、かき(貝)、大豆
	ヨウ素(I)	甲状腺ホルモンを作る材料になる	甲状腺腫	甲状腺腫	海藻類、魚介類
	マンガン(Mn)	酵素の構成成分として、骨代謝などに関わる	通常の食生活では欠乏症が問題になることは少ない	過剰は重い中毒をもたらす。中枢神経障害	種実類、穀類、豆類
	セレン(Se)	酵素の構成成分として、抗酸化に働く	克山病。ただし通常の食生活では欠乏症が問題になることは少ない	毒性が強く、安易な過剰摂取は危険	魚介類、穀類
	亜鉛(Zn)	多くの酵素の成分として、多様に働く	味覚障害、成長障害		かき(貝)、牛肉、米
	クロム(Cr)	インスリンのはたらきを助け、糖質の代謝に働く		通常の食生活では過剰症が問題となることは少ない	カリウム摂取量と強い相関がある
	モリブデン(Mo)	酵素の構成成分として、尿酸の生成にはたらく	通常の食生活では欠乏症が問題になることは少ない		牛乳、乳製品、豆類、穀類、ホルモン類

(「『食品解説つき 新ビジュアル食品成分表 増補版』新しい食生活を考える会編著、大修館書店」、「『食品成分最新ガイド 栄養素の通になる』上西一弘著、女子栄養大学出版部」を参考に作成)

食物アレルギー対策の基礎

食物アレルギーには、医師など専門家のアドバイスと、保護者や指導者など周囲の確かな理解が必要不可欠。でも、それさえあれば、アスリートの体作りはできる。これさえ食べれば必ず強くなれる食べ物がないように、これが食べられなければ強くなれないということもないのだ。以下の表は、アレルゲン別の対策の基本をまとめたもの。参考にしながら、食物アレルギーに負けない体作りをしよう。

●卵がアレルゲンの時に除去する食品と代替食品の例●

反応の強さ	卵・鶏肉が含まれる食品	他の食品との加工品	代替食品
強	卵が多量に使われている食品【鶏卵、うずら卵（生・ゆで卵）、玉子焼き、目玉焼き、オムレツ、茶碗蒸し】	すじこ・いくら・たらこ、卵と植物油脂が使われている食品【インスタントラーメンなどの卵の入っているインスタント食品、マヨネーズ】 卵・牛乳が使われている食品【アイスクリーム、プリン、ケーキ、ミルクセーキ、カステラ、あわゆき、丸ボーロ】 その他【生そば（つなぎに使ったもの）、ハム、ソーセージ】	アレルギー用ラーメン、スパゲッティ、ひえめん、アレルギー用マヨネーズ、重曹やイーストで作ったケーキ・パン・ビスケット、卵の入っていない和菓子、シャーベット、卵成分を含まないハム・ソーセージ・ウインナー
中	鶏肉・鶏肉を使った手作り料理、卵を少量使った手作り料理やお菓子、卵が少量入った食品【チキンコンソメ、卵つなぎの麺類、かわらせんべい、卵ボーロ、卵が使われたお菓子、インスタントスープの素、かまぼこ・ちくわ・はんぺんなどの練り製品、すり身の一部、天ぷら粉】	卵・牛乳・植物油脂が使われている食品【ビスケット、クッキー、かりんとう、インスタントココア、カツ、フライ、天ぷらの衣（市販品、冷凍）、食パン、菓子パン】 すじこ・いくら・たらこ以外の魚の卵【かずのこ、うに、ししゃもの卵、はたはたの卵】	うさぎ肉、きじ肉、七面鳥、ホロホロ鳥、かえる肉、純粋な小麦粉、片栗粉、コーンスターチの衣やつなぎ、アレルギー用スープの素、アレルギー用練り製品、自家製すり身
軽	微量の混入があるもの、酢・果実酢の一部【メープルシロップ、はちみつ、コンソメスープ】	鴨・合鴨の肉	

（『小児・学童期の疾患と栄養食事療法』渡邊早苗・寺本房子他編、建帛社」より）

●牛乳がアレルゲンの時に除去する食品と代替食品の例●

反応の強さ	牛乳・牛肉が含まれる食品	他の食品との加工品	代替食品
強	牛乳そのものが多量に使われている食品 【食品牛乳、山羊乳、コーヒー牛乳、フルーツ牛乳、ミルクココア、クリープ、ヨーグルト、ヤクルト、カルピス、ジョアなどの乳酸菌飲料、生クリーム、チーズ】	大量の牛乳と卵や多量の植物性油脂が使われている食品 【粉ミルク、マーガリン、インスタントカレールー、ホワイトソース、グラタン、インスタントラーメン、プリン、カステラ、アイスクリーム、ケーキ、シェイク、チョコレート】	アレルギー用粉ミルク、森永ニューMA-1、名医ミルフィHP、明治エレメンタルフォーミュラ、ココナッツミルク、ピュアココア（純粋なもの）、アレルギー用菜種マーガリン、綿実ショートニングもしくはアレルギー用カレールー・ホワイトシチュールー、アレルギー用チョコレート
中	牛肉および牛乳を使った手作り料理、牛乳を少量使った手作り料理・菓子、牛乳が入った市販菓子類 【バターあめ、キャラメル、キャンディ、ドロップ、チューインガム、シャーベット、粉末ジュース、ソーダ】 その他 【バター、インスタントマッシュポテト、ベビーフード】	牛乳・卵・植物油脂が使われている食品 【食パン、コッペパン、菓子パン、インスタントスープ、ポタージュ、ビスケット、ウエハース、クッキー、ホットケーキミックス、ハム・ソーセージなどの加工品、豆乳】	アレルギー用菓子・パン、ソーダクラッカー、氷砂糖、自家製の牛乳を使用しない菓子・パン、かき氷、牛成分を含まないハム・ソーセージ、うさぎ肉のハム・ソーセージ、鹿肉、馬肉、くじら肉、豚肉、カンガルー肉
軽	微量の混入があるもの 【果実の缶詰、100％その他の果汁ジュース、ゼラチン】		自家製ジュース

（「『小児・学童期の疾患と栄養食事療法』渡邊早苗・寺本房子他編、建帛社」より）

●小麦がアレルゲンの時に除去する食品と代替食品の例●

反応の強さ	小麦が含まれる食品	代替食品
強	小麦、大麦、ライ麦、（輸入小麦で作られた食品）、パン、うどん、そば、スパゲッティ、マカロニ、ラーメン、パン粉、天ぷら、フライの衣、ぎょうざ、しゅうまい、春巻き、クッキー、ビスケット、ケーキなどの小麦で作った菓子、麩、輸入小麦で作られた学校給食のパン	オーツ麦、ワイルドオーツ麦、ひえ麦、あわ粉、きび粉、アマランサス粉、キアヌ粉（上記の粉で作った菓子・パン・麺・ビーフン）
中	ウスターソース、粉のシナモンなどの香辛料、カレールー、シチューの素、国産小麦、小麦胚芽（油）	
軽	大豆しょうゆ、麦味噌、水あめ（小麦麦芽から作ったもの）、麦で作った酢（一般の醸造酢）	米しょうゆ、雑穀しょうゆ、米味噌、雑穀味噌、米酢、リンゴ酢、ワインビネガーなど

（「『小児・学童期の疾患と栄養食事療法』渡邊早苗・寺本房子他編、建帛社」より）

参考文献

『日本人の食事摂取基準（2015 年度版）』（厚生労働省）
『よくわかる栄養学の基本としくみ』中屋豊著（秀和システム）
『食品成分最新ガイド　栄養素の通になる』上西一弘著（女子栄養大学出版部）
『最新版からだに効く栄養成分バイブル』中村丁次監修（主婦と生活社）
『新ビジュアル食品成分表 増補版』（大修館書店）
『女性アスリートのためのコンディショニングブック』（独立行政法人日本スポーツ振興センター）
『熱中症予防ガイドブック』（日本体育協会）
『野球食』海老久美子著（ベースボール・マガジン社）
『アスリートのための食トレ』海老久美子著（池田書店）
『女子部活食』海老久美子著（ベースボール・マガジン社）

Chapter 2

腹にスクラムトライ!

第2部 ラガーメンズ・レシピ

*ラガーメンズ・レシピの使い方

- 「1食分」とは、1回に食べる目安量のことです
- 電子レンジ加熱は、但し書きがあるもの以外、600Wのものを基準としています
- 料理の材料としての食品は、こだわりのあるもの以外は中程度の大きさが基準です。また、使用した計量器具は、すりきりで小さじ1＝5cc、大さじ1＝15cc、カップ1＝200ccです
- ここでは、食品添加物対策のための下ごしらえは割愛しています。湯通し、ゆでこぼしなどは、食品に応じて取り入れてください
- レシピの目的は、一般的なラグビーシーズンの流れを想定しています。それぞれのチームに合わせてご利用ください
- 栄養計算は、特に表記のない限り、分量外のトッピングや添え物をのぞいたものから計算した数値になります
- 汁物は、汁を残した場合は表記の数値より少なくなります

※アイコンの見方

筋量UP	…筋肉量の向上に効果があるレシピ	水分補給	…水分の摂取に効果があるレシピ
コンディショニング	…体の調子を整える効果があるレシピ	整腸	…整腸作用の効果があるレシピ
自炊	…自分で調理しやすいレシピ	増量	…体作りで体重を増やす効果があるレシピ
食欲増進	…食欲の増進に効果があるレシピ	貧血予防	…貧血を予防する効果があるレシピ
丈夫な骨作り	…健康で丈夫な骨作りに効果があるレシピ	補食	…主食に追加したり間食で利用するレシピ
スイーツ	…補食や気分転換用の甘いもののレシピ	リカバリー	…乱れた体調を元に戻す効果があるレシピ

朝食 Breakfast

基本の 4000kcal ▶

ごはん（350g）／豚肉の生姜焼き（80g）／豆腐のすまし汁／温泉卵／サラダ／苺ジャムヨーグルト

<栄養価（1 食分）>		
エネルギー 1201kcal	たんぱく質 49.6g	脂質 31.9g
炭水化物 169.6g	食物繊維総量 7.9g	カルシウム 424mg
鉄 4.2mg	レチノール活性当量 229μg	
ビタミンB1 1.01mg	ビタミンB2 0.93mg	ビタミンC 60mg

ちょっと多めの 4500kcal

ごはん（400g）
豚肉の生姜焼き（100g）
豆腐のすまし汁／温泉卵／サラダ
苺ジャムヨーグルト
※4000kcal レシピにごはんを 50g 追加、豚肉を 20g 追加

<栄養価（1 食分）>		
エネルギー 1322kcal	たんぱく質 54.8g	脂質 34.2g
炭水化物 188.2g	食物繊維総量 8.1g	カルシウム 427mg
鉄　4.4mg	レチノール活性当量 230μg	
ビタミンB1 1.17mg	ビタミン B2 0.99mg	ビタミン C 60mg

昼食 Lunch

基本の 4000kcal ▶

ジャージャー麺／じゃこおにぎり／鶏胸肉の香味焼き／野菜のソテー／キウイ

<栄養価（1 食分）>		
エネルギー 1245kcal	たんぱく質 61.3g	脂質 33.0g
炭水化物 169.1g	食物繊維総量 13.6g	カルシウム 245mg
鉄 5.2mg	レチノール活性当量 438μg	
ビタミンB1 0.68mg	ビタミンB2 0.62mg	ビタミンC 93mg

ちょっと多めの 4500kcal

ジャージャー麺／じゃこおにぎり
昆布おにぎり
鶏胸肉の香味焼き／野菜のソテー／キウイ
※ 4000kcal レシピに昆布おにぎりを追加

<栄養価（1 食分）>		
エネルギー 1430kcal	たんぱく質 65.0g	脂質 33.4g
炭水化物 209.8g	食物繊維総量 15.0g	カルシウム 263mg
鉄 5.6mg	レチノール活性当量 493μg	
ビタミンB1 0.72mg	ビタミン B2 0.68mg	ビタミン C 95mg

夕食 Dinner

基本の 4000kcal ▶

雑穀米（350g）／鮭のガーリックバター焼き／豚汁／納豆／牛乳寒天（温州みかん）

＜栄養価（1食分）＞		
エネルギー 1246kcal	たんぱく質 59.0g	脂質 32.4g
炭水化物 176.8g	食物繊維総量 13.7g	カルシウム 357mg
鉄 4.5mg	レチノール活性当量 319μg	
ビタミンB1 0.95mg	ビタミンB2 1.00mg	ビタミンC 94mg

ちょっと多めの 4500kcal

雑穀米（400g）
鮭のガーリックバター焼き／豚汁
納豆／牛乳寒天（温州みかん）
※ 4000kcal レシピに雑穀米 50g 追加

＜栄養価（1食分）＞		
エネルギー 1330kcal	たんぱく質 60.3g	脂質 32.6g
炭水化物 195.4g	食物繊維総量 13.9g	カルシウム 358mg
鉄 4.5mg	レチノール活性当量 319μg	
ビタミンB1 0.96mg	ビタミン B2 1.00mg	ビタミン C 94mg

間食 Snack

カステラ／牛乳／みかん／ヨーグルト

<栄養価（1 食分）>					
エネルギー 498kcal	たんぱく質 14.2g	脂質 13.0g	炭水化物 81.9g	食物繊維総量 1.7g	カルシウム 347mg
鉄 0.9mg	レチノール活性当量 216μg		ビタミンB1 0.23mg	ビタミンB2 0.72mg	ビタミンC 37mg

おにぎり／ゼリー／チーズ／バナナ

<栄養価（1食分）>					
エネルギー 519kcal	たんぱく質 14.7g	脂質 6.9g	炭水化物 100.8g	食物繊維総量 2.5g	カルシウム 157mg
鉄 0.9mg	レチノール活性当量 122μg		ビタミンB1 0.25mg	ビタミンB2 0.23mg	ビタミンC 102mg

肉まん／オレンジジュース／ヨーグルト

<栄養価（1食分）>					
エネルギー 476kcal	たんぱく質 18.6g	脂質 6.6g	炭水化物 87.9g	食物繊維総量 4.2g	カルシウム 196mg
鉄 1.3mg	レチノール活性当量 12μg		ビタミンB1 0.45mg	ビタミンB2 0.34mg	ビタミンC 92mg

＼ジャストミートローフ／

ミートローフ

<栄養価（1食分）>

エネルギー 485kcal	たんぱく質 31.9g	脂質 31.2g	炭水化物 16.2g	食物繊維総量 3.4g	カルシウム 189mg
鉄 4.0mg	レチノール活性当量 147μg		ビタミンB1 0.51mg	ビタミンB2 0.42mg	ビタミンC 39mg

材料（1本分）

合いびき肉…300g
塩…1g　こしょう…少々
玉ねぎ…150g
サラダ油…小さじ2
ミックスベジタブル…70g
ブロッコリー…5房
高野豆腐（乾）…50g
牛乳…100g　卵…1個
ケチャップ…25g
ウスターソース…25g
肉汁…焼いた時に出たもの全部

作り方

1 高野豆腐を細かく砕き、牛乳に浸しておく。
2 みじん切りにした玉ねぎをサラダ油で炒め、冷ます。
3 ブロッコリーは食べやすい大きさに切っておく。
4 ひき肉に塩こしょうを入れ、粘り気が出るまでこねる。
5 1、2、ミックスベジタブル、卵を加えて混ぜる。
6 クッキングシートをしいた鉄板に、5を半量、棒状にのせ、そのうえにブロッコリーを並べて、残りの半量で覆い、形を整える。
7 予熱しておいた200℃のオーブンで20分焼く。
8 鍋にケチャップ、ウスターソース、7で出た肉汁を入れ、軽く煮詰めて、7にかける。

春

＼アスパラ鰹まみれ／

アスパラとチーズのおかか炒め

＜栄養価（1食分）＞

エネルギー 100kcal	たんぱく質 7.8g	脂質 6.7g	炭水化物 2.7g	食物繊維総量 1.2g	カルシウム 167mg
鉄 0.5mg	レチノール活性当量 78µg		ビタミンB1 0.08mg	ビタミンB2 0.18mg	ビタミンC 6mg

材料（1食分）

アスパラ…2本
エリンギ…1/4本
プロセスチーズ…1個
＊ゆずこしょう…チューブ 0.5cm強
＊塩…少々
＊鰹節…1g

作り方

1 アスパラは下処理し、斜め切りにする。
2 エリンギは食べやすい大きさ、チーズはサイコロ状に切る。
3 アスパラとエリンギを器に入れてラップをし、レンジで1分加熱する。
4 3の水気を切り、チーズ、＊を入れて和える。

＼ 鮭のごますらず ／

鮭のごま味噌焼き

<栄養価（1食分）>					
エネルギー 185kcal	たんぱく質 24.1g	脂質 6.0g	炭水化物 5.4g	食物繊維総量 0.6g	カルシウム 41mg
鉄 1.0mg	レチノール活性当量 27μg		ビタミンB1 0.28mg	ビタミンB2 0.17mg	ビタミンC 1mg

材料（2食分）

鮭… 2切れ
＊いりごま… 大さじ 1/2
＊味噌… 大さじ 1
＊酒… 大さじ 1
＊しょうゆ…小さじ 1/2
＊砂糖… 大さじ 1/2
＊おろし生姜…小さじ 1/4
＊おろしにんにく…小さじ 1/4

作り方

1 ＊を混ぜ、合わせ調味料を作る。
2 鮭は半分に切って焼く（蓋を使用すると中まで火が通りやすくなる）。
3 鮭に火が通ったら、合わせ調味料を入れて絡め、ひと煮立ちさせたら完成（タレが焦げつかないように弱火～中火で調理する）。
※お好みで合わせ調味料に唐辛子を入れてもOK
※鮭の代わりに、豚肉や鶏肉にも変更可能
※肉の場合は前日からつけ込むと柔らかくなる

＼ しらすのグリーンフィールド ／

ブロッコリーのしらす和え

＜栄養価（1 食分）＞					
エネルギー 50kcal	たんぱく質 3.2g	脂質 3.4g	炭水化物 3.6g	食物繊維総量 2.5g	カルシウム 31mg
鉄 0.6mg	レチノール活性当量 36μg		ビタミンB1 0.06mg	ビタミンB2 0.06mg	ビタミンC 27mg

材料（2食分）

ブロッコリー（生 or 冷凍）…100g
塩昆布… 大さじ 1
しらす…大さじ 1/2
ごま油…小さじ 1/2
すりごま…大さじ 1/2

作り方

1 ブロッコリーをレンジで解凍する。
2 袋にブロッコリーと塩昆布を入れて混ぜ、しばらく置いてなじませる。
3 2にすりごまとごま油を入れて混ぜる。
4 盛りつけてしらすをかけたら完成。
※ブロッコリーの代わりに、きゅうりや白菜にも変更可能

＼ カーボいなり ／

かぼちゃのチーズいなり

<栄養価（3個分）>

エネルギー 362kcal	たんぱく質 16.1g	脂質 23.6g	炭水化物 21.4g	食物繊維総量 6.0g	カルシウム 232mg
鉄 2.2mg	レチノール活性当量 327μg		ビタミンB1 0.15mg	ビタミンB2 0.20mg	ビタミンC 37mg

材料（12 個分）

かぼちゃ（冷凍）…360g
むき枝豆（冷凍）…100g
スライスチーズ…3 枚
油揚げ（いなり用）
…12 枚
＊マヨネーズ…大さじ 3
＊塩…少々
＊こしょう…少々

作り方

1 かぼちゃをレンジで温めて柔らかくなったらつぶす。
2 むき枝豆をレンジで解凍する。
3 1と2を合わせ、＊を入れて混ぜる。
4 油揚げに3と 1/4 に切ったスライスチーズを詰める。
5 温めたフライパンで4に焼き目をつけたら完成。
※ツナを入れてもおいしい
※普通の油揚げでも大丈夫。焼く時にしょうゆを使うと香ばしくなる

春

補食のためのおにぎり5種

レバーそぼろ太巻き

＜栄養価（1本分）＞

エネルギー 481kcal	たんぱく質 13.2g	脂質 8.0g	炭水化物 84.4g	食物繊維総量 2.3g	カルシウム 42mg
鉄 2.3mg	レチノール活性当量 1546μg		ビタミンB1 0.15mg	ビタミンB2 0.37mg	ビタミンC 16mg

材料（1本分）

鶏レバー…10g
下処理用　塩…0.4g
鶏ひき肉…20g
ほうれん草…20g
いりごま…1.0g
＊しょうゆ…小さじ2
＊酒…小さじ2
＊みりん…小さじ1
＊砂糖…小さじ1
サラダ油…小さじ1
ごはん…200g
海苔…1枚

作り方

1 レバーの白い脂肪分を取りのぞき、塩水の入ったボウルに入れ、手でもみ洗いする（水の濁りや、血の塊が出なくなれば、下処理完了）。
2 レバーはみじん切り、ほうれん草は1㎝幅に切る。
3 フライパンに油をひき、レバーとひき肉を炒める。ある程度火が通ったらほうれん草を加え、ほうれん草がしんなりしたら、＊を加える。
4 水分がなくなるまで炒め、いりごまを入れて具は完成。
5 巻き簾に海苔を置いてごはんと具をのせ、端から巻いたら完成。

補食
貧血予防

桜エビとくるみの佃煮おにぎり

＜栄養価（1 個分）＞					
エネルギー 253kcal	たんぱく質 6.2g	脂質 5.9g	炭水化物 41.7g	食物繊維総量 0.9g	カルシウム 68mg
鉄 0.5mg	レチノール活性当量 0μg		ビタミンB1 0.06mg	ビタミンB2 0.04mg	ビタミンC 0mg

材料（1 個分）

桜エビ…大さじ 1
鰹節…1g
えのき…5g
くるみ…5g
ごま油…小さじ 1/2
＊白だし…小さじ 1
＊酒…小さじ 1
＊はちみつ…小さじ 1/2
ごはん…100g

作り方

1 えのきを 2cm 幅に切り、くるみは小さく砕く。
2 フライパンにごま油をひき、桜エビ、鰹節、えのき、くるみを入れ、えのきがしんなりするまで炒める。
3 ＊を入れ、水分を飛ばしたら具の完成。
4 具材の粗熱が取れてから、ごはんに混ぜてにぎる。

肉巻きおにぎり

＜栄養価（1 個分）＞

エネルギー 343kcal	たんぱく質 14.5g	脂質 13.2g	炭水化物 38.2g	食物繊維総量 0.7g	カルシウム 20mg
鉄 0.4mg	レチノール活性当量 10μg		ビタミンB1 0.45mg	ビタミンB2 0.11mg	ビタミンC 1mg

材料（1 個分）

ごはん…100g　バター…1 g
おろしにんにく…チューブ 2cm
＊しょうゆ…0.3 g　＊あおさ…0.5g
＊白ごま…1g　＊ブラックペッパー…少々
豚ロース…3 枚　塩…少々　こしょう…少々

作り方

1 ごはん、バター、にんにくを器に入れ、ラップをして電子レンジで 30 秒加熱する。
2 1 に＊を混ぜる。
3 2 を俵型ににぎり、まわりに塩こしょうをかけた豚肉を巻きつける。
4 フライパンで焼く。

補 食

筋量 UP

小松菜とコーンのおにぎり

＜栄養価（1 個分）＞

エネルギー 220kcal	たんぱく質 4.6g	脂質 0.7g	炭水化物 47.0g	食物繊維総量 2.9g	カルシウム 47mg
鉄 1.6mg	レチノール活性当量 55μg		ビタミンB1 0.08mg	ビタミンB2 0.06mg	ビタミンC 9mg

補 食

食欲増進

材料（1 個分）

ごはん…100g　小松菜…1/2 束
コーン…50g
＊カレー粉…小さじ 1/4
＊塩…少々　＊こしょう…少々

作り方

1 小松菜とコーンをゆでる。
2 小松菜は細かく刻み、水気をしっかり切る。
3 ボウルに小松菜とコーン、＊を入れ、よく混ぜたら具の完成。
4 具材の粗熱が取れてから、ごはんの中央に入れてにぎる。

豚肉と梅のおにぎり

＜栄養価（1 個分）＞

エネルギー 397kcal	たんぱく質 14.1g	脂質 19.4g	炭水化物 39.4g	食物繊維総量 1.1g	カルシウム 71mg
鉄 1.0mg	レチノール活性当量 9μg		ビタミンB1 0.50mg	ビタミンB2 0.14mg	ビタミンC 0mg

材料（1 個分）

豚肉…50g
梅干し…1 個
マヨネーズ…大さじ 1
すりごま…小さじ 1
ごはん…100g
大葉…1 枚

作り方

1 大葉をよく洗い、キッチンペーパーで水気をしっかり取っておく。
2 梅干しの果肉を包丁で叩く。
3 豚肉と 2 の梅干し、マヨネーズ、すりごまを混ぜる。
4 熱したフライパンに 3 を入れ、豚肉に火が通るまでよく焼いたら具の完成。
5 具材の粗熱が取れてから、ごはんの中央に具材を入れてにぎり、大葉で包む。

補 食
筋量 UP

＼ 綱引きごはん ／

ツナとひじきの混ぜごはん

＜栄養価（1 食分）＞

エネルギー 850kcal	たんぱく質 26.6g	脂質 21.2g	炭水化物 129.5g	食物繊維総量 3.5g	カルシウム 99mg
鉄 3.3mg	レチノール活性当量 567μg		ビタミンB1 0.23mg	ビタミンB2 0.39mg	ビタミンC 4mg

材料（1 食分）

ごはん…1 合
ひじき（乾）…1.5g
ツナ（油切りせず）…大さじ 2
にんじん…1/3 本
錦糸卵…1 個分
サラダ油…小さじ 1
いりごま…適量
*しょうゆ…大さじ 1 と 1/2
*酒…小さじ 1 と 1/2
*みりん…小さじ 1

作り方

①ひじきを水で戻す（カットが必要な場合は 2 ～ 3㎝の長さに切る）。
②ツナの缶を開け、中身をほぐす。
③にんじんを 3㎝の長さの千切りにする。
④小鍋に、*と①～③を入れ、中火で汁気がなくなるまで炒め煮する。
⑤温かいごはんに④を入れ、よく混ぜる。
⑥ごはんを盛りつけ、いりごまと錦糸卵を散らして完成。

＼マメな鯖／

鯖ビーンズ

<栄養価（1 回分）>

エネルギー 718kcal	たんぱく質 54.9g	脂質 29.5g	炭水化物 56.5g	食物繊維総量 15.2g	カルシウム 632mg
鉄 6.9mg	レチノール活性当量 829μg		ビタミンB1 0.58mg	ビタミンB2 0.96mg	ビタミンC 83mg

材料（1回分）

鯖水煮缶…1 缶（190g）
大豆水煮缶…1/2 缶（50g）
ミックスビーンズ缶…1/2 缶（50g）
ピーマン…2 個　にんじん…1/2 本
トマト缶…1/2 缶（150g）
おろしにんにく…少々
オリーブオイル(orサラダ油)…小さじ1
カレー粉…小さじ 1
＊ケチャップ…大さじ 1
＊コンソメ…小さじ 1
＊しょうゆ…小さじ 2
＊砂糖…小さじ 2

作り方

1 にんじん、ピーマンを粗みじん切りにする。
2 フライパンを火にかけ、オリーブオイル、にんにくを香りがするまで炒める。
3 1 の野菜を入れて炒める。野菜がしんなりしたら、鯖の水煮、大豆、ミックスビーンズ、トマト缶、＊を入れて混ぜる。
4 汁気がなくなるまで煮込み、仕上げにカレー粉を入れ、混ぜたら完成。
※ごはんにのせてもおいしい
※常備菜に

＼サバドウィッチ／

鯖ビーンズサンド

<栄養価（1個分）>

エネルギー 248kcal	たんぱく質 12.5g	脂質 6.4g	炭水化物 35.0g	食物繊維総量 3.3g	カルシウム 97mg
鉄 1.2mg	レチノール活性当量 104μg		ビタミンB1 0.11mg	ビタミンB2 0.14mg	ビタミンC 10mg

材料（1個分）

鯖ビーンズ（P153参照）…70〜100g
食パン6枚切り…1枚

作り方

1. 食パンを半分に切り、オーブントースターで焼く。
2. 鯖ビーンズを挟んで完成。

春

＼自炊の味方のスープストック／

豚野菜ベース

材料（1食分）

豚小間切れ…100g
カット野菜…200g
水…750ml

作り方

1 すべての材料を鍋に入れて沸騰させる。
2 豚肉に火が通ったらベースの完成。
3 煮立ってきたら、アクをすくう。
※レシピのベースに使うスープストック

＼ 王道汁 ／

カット野菜活用豚汁

＜栄養価（1食分）＞

エネルギー 664kcal	たんぱく質 30.9g	脂質 44.8g	炭水化物 29.8g	食物繊維総量 7.5g	カルシウム 142mg
鉄 4.4mg	レチノール活性当量 275μg		ビタミンB1 0.64mg	ビタミンB2 0.50mg	ビタミンC 15mg

材料（1食分）

豚野菜ベース…1食分
だし入り味噌…大さじ3
卵…1個

作り方

1 深めの鍋にベースと卵を入れ、沸騰して卵に火が通ったら火を止め、だし入り味噌を溶かす。

2 味噌が完全に溶けたら、弱火で煮込んで完成。

自炊
コンディショニング

＼豚の地獄煮／

豚肉のカレースープ

＜栄養価（1食分）＞					
エネルギー 1071kcal	たんぱく質 30.3g	脂質 75.9g	炭水化物 62.4g	食物繊維総量 8.8g	カルシウム 180mg
鉄 5.9mg	レチノール活性当量 281μg		ビタミンB1 0.72mg	ビタミンB2 0.50mg	ビタミンC 15mg

材料（1食分）

豚野菜ベース…1食分
カレールー…1/2パック
卵…1個

作り方

1 深めの鍋にベースと卵を入れ、沸騰して卵に火が通ったら火を止め、カレールーを溶かす。
2 カレールーが完全に溶けたら、弱火で煮込んで完成。

＼好き好きうどん／

すき煮風味うどん

＜栄養価（1食分）＞　※栄養価計算に刻みねぎは含まれていません

エネルギー 1767kcal	たんぱく質 51.1g	脂質 49.1g	炭水化物 253.1g	食物繊維総量 10.9g	カルシウム 156mg
鉄 5.0mg	レチノール活性当量 275μg		ビタミンB1 0.83mg	ビタミンB2 0.64mg	ビタミンC 15mg

材料（1食分）

豚野菜ベース…1食分
冷凍うどん…3玉　切りもち…2個
卵…1個
＊しょうゆ…大さじ4
＊酒…大さじ4　＊砂糖…大さじ3
ごま油…小さじ1　刻みねぎ…適量

作り方

1 深めの鍋にベース、冷凍うどん、＊を入れ、加熱する。
2 うどんがほぐれたら、もちと卵を入れる。
3 蓋をして卵に火を通し、もちが柔らかくなるまで煮込む。
4 仕上げにごま油をまわしかけし、刻みねぎをかけて完成。

春

＼魂とろかし丼／

あさりと白菜の中華あんかけ丼

＜栄養価（1食分）＞

エネルギー 721kcal	たんぱく質 23.1g	脂質 7.1g	炭水化物 135.8g	食物繊維総量 4.2g	カルシウム 130mg
鉄 10.8mg	レチノール活性当量 83μg		ビタミンB1 0.14mg	ビタミンB2 0.33mg	ビタミンC 24mg

材料（1食分）

あさり缶…1/2 缶（具 30g、汁 30g）
白菜…125g
＊鶏ガラスープの素…小さじ 1
＊しょうゆ…小さじ 1
＊片栗粉…小さじ 2
＊水…100ml
ゆで卵…1 個
大麦入りごはん…300g
（米 3 合に対して大麦 50g）

作り方

1 白菜を太めの千切りにし、耐熱容器に入れ、レンジで 2 分半加熱する。
2 1 の容器にあさり缶を入れ、＊の調味料を加えてレンジで 1 分加熱する。
3 レンジからいったん取り出してかき混ぜ、追加で 1 分加熱し、とろみをつける。
4 大麦入りごはんに 3 の中華あんとゆで卵をのせる。

自炊

貧血予防

＼ かに玉合戦 ／

ふわふわ五目かに玉

＜栄養価（1 食分）＞

エネルギー 290kcal	たんぱく質 22.3g	脂質 13.4g	炭水化物 19.1g	食物繊維総量 3.4g	カルシウム 113mg
鉄 3.6mg	レチノール活性当量 352μg		ビタミンB1 0.12mg	ビタミンB2 0.55mg	ビタミンC 4mg

材料（1食分）

卵…2 個　はんぺん…1/2 枚
たけのこ…20g　きくらげ…3g
にんじん…1/8 本
えのき…10g
ニラ…1 茎　かにかま…2 本
鶏ガラスープの素…小さじ 1
水…100ml
＜あん＞
＊水…30ml　＊酒…小さじ 1
＊しょうゆ…小さじ 1
＊砂糖…小さじ 1/2
＊酢…小さじ 1/2
＊おろし生姜…小さじ 1/4
＊片栗粉…小さじ 1/2
ごま油…小さじ 1/2

作り方

1 たけのことにんじんを粗みじん切り、きくらげを千切り、えのきとニラを 4cm 幅に切る。
2 にんじんをレンジで 2 分加熱する。
3 はんぺんを手でつぶしながら、ボウルに入れる。
4 3のボウルにたまご、野菜、さいたかにかま、鶏がらスープの素、水を入れて混ぜる。
5 器にラップをしいて4を入れ、ふんわりとラップをかける。
6 5をレンジで 1 分加熱したらかき混ぜる。これを固まるまで繰り返す。
7 ＊の材料を火にかけ、とろみがついたらごま油を入れる。
8 6を皿にのせ、7のあんをかける。

＼ 骨太納豆 ／

カルシウム強化納豆

＜栄養価（1 食分）＞					
エネルギー 137kcal	たんぱく質 11.3g	脂質 5.3g	炭水化物 11.8g	食物繊維総量 5.2g	カルシウム 95mg
鉄 2.0mg	レチノール活性当量 95μg		ビタミンB1 0.13mg	ビタミンB2 0.38mg	ビタミンC 7mg

材料（1 食分）

納豆…1 パック
モロヘイヤ（葉のみ）…10g
しらす…大さじ 1
なめたけ…30g

作り方

1 モロヘイヤをさっと洗い、茎についた葉っぱをちぎる。
2 湯をたっぷり沸かして塩を入れ、モロヘイヤをさっとゆでる。
3 ゆでたモロヘイヤを細かく刻む。
4 納豆とタレをよく混ぜ、なめたけと刻んだモロヘイヤを加えて、さらに混ぜる。
5 最後にしらすを加えて、さっと混ぜる。

＼ 野菜の楽園 ／

万能ポトフ

＜栄養価（1食分）＞

エネルギー 513kcal	たんぱく質 24.2g	脂質 25.9g	炭水化物 47.4g	食物繊維総量 9.2g	カルシウム 140mg
鉄 1.9mg	レチノール活性当量 816μg		ビタミンB1 0.38mg	ビタミンB2 0.31mg	ビタミンC 92mg

材料（1食分）

キャベツ…1枚
じゃがいも…1個
にんじん…1/2本
玉ねぎ…1/2個
セロリ…1/4本
しめじ…1/4株
手羽元…2本
塩こしょう…少々
コンソメ…小さじ1と1/2
サラダ油…大さじ1
水…500ml

作り方

1 玉ねぎをくし切り、じゃがいも、にんじんは皮つきのまま乱切りにする。キャベツとセロリも乱切りにし、しめじは石づきを切って、小さい房に分ける。
2 手羽元と塩こしょうをビニール袋に入れてもみ込む。
3 手羽元を焼き目がこんがりつくまで焼き、一度取り出す。
4 鍋に油をひき、玉ねぎとにんじんを炒める。
5 しめじ以外の具材と水を入れ、キャベツは一番上で蓋をするようにして、沸騰するまで強火で煮込む。
6 全体が柔らかくなったら、しめじを入れ、さらに煮て完成。

<万能ポトフの活用>

※多めに作り、1日目はポトフそのままで。2日目はトマト缶を加えてパスタソースに、3日目はカレールーを足してカレーに。4日目は、鍋底に残ったカレーに100gあたりレンジで2分加熱したじゃがいもを加えてつぶし、アルミホイルで作った皿の上にのせてチーズものせ、オーブントースターで焼き、ポテトグラタン風に。

モリモリチョコバナナ

<栄養価(1杯分)>		
エネルギー 319kcal	たんぱく質 8.9g	脂質 11.3g
炭水化物 48.9g	食物繊維総量 2.0g	カルシウム 253mg
鉄 0.7mg	レチノール活性当量 90μg	
ビタミンB1 0.17mg	ビタミンB2 0.40mg	ビタミンC 26mg

材料(1杯分)

冷凍バナナ…1本
牛乳…200ml
チョコレート…10g

作り方

1 バナナは凍らせておく。
2 すべての材料をミキサーにかける。

＼あんこまみれ／

あんまき

＜栄養価（3個分）＞					
エネルギー 739kcal	たんぱく質 33.8g	脂質 18.9g	炭水化物 106.2g	食物繊維総量 10.3g	カルシウム 150mg
鉄 6.5mg	レチノール活性当量 134μg		ビタミンB1 0.67mg	ビタミンB2 0.56mg	ビタミンC 54mg

材料（3個分）

砂糖…30g
卵…1個
米粉…50g
みりん…10g
枝豆（さやつき）…200g
塩…少々
砂糖…大さじ1と1/2
水…大さじ1と1/2

作り方

＜あん＞

1 枝豆のさやと薄皮を取り除き、粗くすりつぶす。
2 塩を加えて混ぜる。
3 砂糖と水を器に入れてラップをし、レンジで砂糖が溶けるまで加熱する。
4 2に3を加え、混ぜて冷やす。

＜あんまき＞

1 砂糖と卵を白っぽくなるまで混ぜる。
2 米粉とみりんを加えて混ぜる。
3 テフロン加工のフライパンで、生地を焼く。
4 生地の真ん中にあんをのせて巻き、巻き終わりを下にして置いておく。

＼ おいもの気持ち ／

いももち

＜栄養価（1合分）＞

エネルギー 971kcal	たんぱく質 17.8g	脂質 5.0g	炭水化物 202.8g	食物繊維総量 8.1g	カルシウム 152mg
鉄 3.1mg	レチノール活性当量 0μg		ビタミンB1 0.31mg	ビタミンB2 0.10mg	ビタミンC 15mg

材料（1合分）

米…1合
さといも（冷凍）…300g
塩…少々　酒…大さじ2
＜みたらしのタレ＞
しょうゆ…小さじ1
砂糖…大さじ1 酒…小さじ1
片栗粉…小さじ1
水…大さじ3
＜ごまのタレ＞
味噌…小さじ1
黒ごま…小さじ2
砂糖…小さじ2
片栗粉…小さじ1
水…大さじ2

作り方

1 米をとぎ、30分ほど浸漬させる。
2 1に塩、酒、さといも（冷凍のまま）を入れ、普通の炊飯で炊く。
3 みたらしとごまダレの材料を深めの皿に入れ、それぞれをよく混ぜ合わせる。
4 ラップをかけてレンジで1分加熱し、いったん取り出して混ぜる。再度レンジで30秒加熱する（全体がまとまり、とろみがついたら完成）。
5 炊飯できたら、しゃもじでさといもと米を全体的に混ぜ、めん棒を使って、さといもと米の形がなくなるまでつぶす。
6 5を一口大に丸めて、熱したフライパンで表面にほんのり焦げ目がつくまで焼く。
7 （好みでくしに刺して）たれをかける。

＼ 幸せシャリシャリ ／

パルフェ

＜バナナ　栄養価（1本分）＞					
エネルギー 1630kcal	たんぱく質 36.0g	脂質 94.2g	炭水化物 169.9g	食物繊維総量 4.4g	カルシウム 691mg
鉄 1.6mg	レチノール活性当量 203μg		ビタミンB1 0.40mg	ビタミンB2 0.96mg	ビタミンC 69mg
＜ベリーミックス　栄養価（1本分）＞					
エネルギー 1450kcal	たんぱく質 35.0g	脂質 93.8g	炭水化物 121.5g	食物繊維総量 12.1g	カルシウム 730mg
鉄 2.0mg	レチノール活性当量 193μg		ビタミンB1 0.31mg	ビタミンB2 0.92mg	ビタミンC 137mg
＜キウイ　栄養価（1本分）＞					
エネルギー 1498kcal	たんぱく質 35.6g	脂質 93.8g	炭水化物 133.9g	食物繊維総量 10.0g	カルシウム 799mg
鉄 1.6mg	レチノール活性当量 207μg		ビタミンB1 0.24mg	ビタミンB2 0.88mg	ビタミンC 281mg

材料（牛乳パック1本分）

プレーンヨーグルト…500g
砂糖…50g
生クリーム…200g
果物…400g（今回はバナナ、ベリーミックス、キウイ）

作り方

＜バナナバージョン＞
1 バナナの皮をむき、半量をボウルに入れてつぶし、残りは1.5cm角くらいに切っておく。
＜ベリーミックスバージョン＞
1 ベリーミックスの半量をボウルに入れてつぶす。
＜キウイバージョン＞
1 キウイの皮をむき、全て1.5cm角くらいに切る。
〜以降すべて同様〜
2 1のボウルにヨーグルトと砂糖の半量を入れて混ぜる。
3 生クリームを別のボウルに入れ、残りの砂糖を加えて角が立つまで泡立てる。
4 2に3を入れてよく混ぜ、最後に残りの果物を加えて、ざっくり混ぜる。
5 4を牛乳パックに詰め、冷凍庫で固める。
6 完全に固まったら好みの厚さに牛乳パックごと切り、皿に盛りつけてでき上がり。

スイーツ
丈夫な骨作り

春

スイーツ

整腸

＼ここからマフィン／

ココアおからマフィン

＜栄養価（マフィン型１個分）＞

エネルギー 357kcal	たんぱく質 9.5g	脂質 16.8g	炭水化物 43.1g	食物繊維総量 5.7g	カルシウム 144mg
鉄 2.0mg	レチノール活性当量 95μg		ビタミンB1 0.12mg	ビタミンB2 0.22mg	ビタミンC 0mg

材料（マフィン型３個分）

ホットケーキミックス…100g
生おから…100g
牛乳…80ml
ココア（無調整）…大さじ２
黒砂糖…大さじ２
卵…１個
バター…25g
チョコレート…30g

作り方

1 バターをレンジで加熱して溶かしバターにする。
2 ホットケーキミックスとココアを合わせ、ふるう。
3 卵、黒砂糖、1の溶かしバターをボウルでよく混ぜる。
4 牛乳を入れ、2のホットケーキミックスとココア、生おからも入れ、さっくり混ぜる。
5 マフィン型に３等分し、180度に予熱しておいたオーブンで30分焼く。
※レンジの場合は耐熱用の型に入れ、２分加熱する

＼生々豆腐チーズ／

豆腐レアチーズ

<栄養価（1 個分）> ※栄養価計算に④のジャム、はちみつ、メープルは含まれていません

エネルギー 136kcal	たんぱく質 5.8g	脂質 9.3g	炭水化物 6.9g	食物繊維総量 0.1g	カルシウム 81mg
鉄 0.4mg	レチノール活性当量 65μg		ビタミンB1 0.06mg	ビタミンB2 0.12mg	ビタミンC 2mg

材料（5 個分）

＊絹豆腐…2/3 丁
＊クリームチーズ…100g
＊牛乳…200ml
＊はちみつ…大さじ 1
＊レモン果汁…大さじ 1
ゼラチン…5g
湯…50ml

作り方

1 ＊をミキサーに入れ、滑らかにする。
2 ゼラチンを湯で溶かして1に加え、よく混ぜる。
3 容器に入れ、冷蔵庫で冷やす。
4 好みのジャム、はちみつ、メープルなどをかけてでき上がり。

＼タフガイ丼／

スタミナ丼

＜栄養価（1食分）＞　※栄養価計算に刻み海苔と七味は含まれていません

エネルギー 1356kcal	たんぱく質 52.2g	脂質 65.3g	炭水化物 131.2g	食物繊維総量 6.1g	カルシウム 507mg
鉄 7.3mg	レチノール活性当量 309μg		ビタミンB1 0.70mg	ビタミンB2 0.35mg	ビタミンC 24mg

材料（1食分）

ごはん…1合
豚肩ロース肉…3枚
メンマ…20g
にんじん…15g
塩…少々
こしょう…少々
ごま油…大さじ1
もやし…1/2袋
小松菜…1束
厚揚げ…1枚
ニラ…20g
*しょうゆ…小さじ1と1/2
*みりん…小さじ1/2
*ウスターソース…小さじ1
*砂糖…小さじ1
*おろし生姜…2g
*おろしにんにく…2g
*七味…適量
片栗粉…小さじ1/2
水…20g
いりごま…2g
刻み海苔…適量

作り方

1 豚肉と厚揚げを食べやすい大きさに切る。にんじんは千切り、小松菜、ニラは2cm幅に切る。
2 豚肉、メンマ、にんじんをごま油で炒め、塩とこしょうをふる。
3 もやし、小松菜、厚揚げを入れ、さらに炒める。
4 3にニラと*を入れ、味をなじませる。
5 4に水溶き片栗粉を流し入れる。とろみがついたら温かいごはんの上にのせ、いりごまをふって完成。お好みで刻み海苔をかける。

＼メシうま納豆／

納豆肉味噌

＜栄養価（1食分）＞

エネルギー 252kcal	たんぱく質 19.8g	脂質 14.5g	炭水化物 11.8g	食物繊維総量 5.5g	カルシウム 61mg
鉄 2.8mg	レチノール活性当量 5μg		ビタミンB1 0.43mg	ビタミンB2 0.49mg	ビタミンC 1mg

材料（1食分）

納豆…1パック
エリンギ…1本
生姜…10g
豚ミンチ…50g
味噌…小さじ2
豆板醤…小さじ1/4

作り方

[1]エリンギをみじん切りにする。生の生姜を使う場合はすりおろしておく。
[2]味噌と豆板醤を混ぜ合わせる。
[3]豚ミンチを軽く炒めてから、[1]と納豆を入れてさらに炒める。最後に[2]を加え、さっと炒める。

夏

＼ ギッシリ納豆 ／

納豆肉味噌オムレツ

＜栄養価（1食分）＞

エネルギー 204kcal	たんぱく質 13.1g	脂質 14.5g	炭水化物 4.3g	食物繊維総量 1.5g	カルシウム 69mg
鉄 1.8mg	レチノール活性当量 110μg		ビタミンB1 0.15mg	ビタミンB2 0.42mg	ビタミンC 1mg

材料（1食分）

納豆肉味噌…40g
卵…1個
牛乳…20ml
サラダ油…小さじ1
刻み海苔…適量

作り方

1 ボウルに卵を割り、牛乳を入れ、よく混ぜる。
2 熱したフライパンに油をひいて1を流し入れ、素早く混ぜながら半熟状態にする。
3 2の中央に納豆肉味噌をのせ、端を中央に寄せていく。
4 皿の上に返し、仕上げに刻み海苔を散らす。

＼豚の積み重ね／

豚肉のミルフィーユ

＜栄養価（1食分）＞					
エネルギー 401kcal	たんぱく質 23.5g	脂質 30.1g	炭水化物 7.4g	食物繊維総量 1.7g	カルシウム 36mg
鉄 1.2mg	レチノール活性当量 42μg		ビタミンB1 0.83mg	ビタミンB2 0.23mg	ビタミンC 73mg

材料（2食分）

豚ロース（薄切り）…200g
ズッキーニ…1/2本
パプリカ（赤・黄）…各1/4個
水…50ml　コンソメ…小さじ1/4
＜ソース＞
ナッツ（粉末）★…大さじ1
粒マスタード…大さじ1
マヨネーズ…大さじ1
豆乳…大さじ2
★市販のアーモンドプードル等でも可

作り方

[1]ズッキーニを縦に薄切りにする。パプリカは細切りにしておく。
[2]豚ロースと[1]を交互に重ねる。
[3][2]を深皿に入れ、ミルフィーユのまわりに水とコンソメを入れてラップをし、レンジで2分加熱する。火が通っていなければ、火が通るまで1分ずつ加熱する。
[4]豆乳にマヨネーズと粒マスタードを混ぜ合わせ、ナッツを少しずつ加えてソースを作る。
[5][3]にソースをかけたら完成。

＼チキン転がし／

鶏胸肉の味噌マヨ炒め

＜栄養価（1食分）＞

エネルギー 468kcal	たんぱく質 24.6g	脂質 21.2g	炭水化物 43.4g	食物繊維総量 5.8g	カルシウム 76mg
鉄 1.8mg	レチノール活性当量 742μg		ビタミンB1 0.25mg	ビタミンB2 0.20mg	ビタミンC 50mg

材料（1食分）

鶏胸肉…1/2枚　酒…小さじ1
片栗粉…小さじ2
サラダ油…小さじ1
れんこん…80g　にんじん…1/2本
ねぎ…20g
＊味噌…大さじ1
＊マヨネーズ…大さじ1
＊砂糖…大さじ1
＊しょうゆ…小さじ1/2
＊酒…小さじ1/2
＊ケチャップ…小さじ1/2

作り方

1 鶏胸肉を食べやすい大きさに切り、酒につける。
2 れんこん、にんじんを乱切りにする。ねぎは斜め切りにする。
3 フライパンに油を熱し、片栗粉をまぶした1を炒める。
4 火が通ったら、鶏肉を取り出し、れんこん、にんじんを入れて柔らかくなるまで炒める。
5 ねぎと鶏肉を入れ、＊を加えて炒める。

＼ 羽ばたくプロテイン ／

手作りサラダチキン

＜栄養価（1 食分）＞

エネルギー 262kcal	たんぱく質 38.4g	脂質 10.6g	炭水化物 1.0g	食物繊維総量 0.1g	カルシウム 8mg
鉄 0.6mg	レチノール活性当量 32μg		ビタミンB1 0.16mg	ビタミンB2 0.18mg	ビタミンC 5mg

材料（1 食分）

鶏胸肉…1 枚
紅茶浸出液…大さじ 1
おろし生姜…小さじ 1

作り方

1 鶏肉にフォークで数カ所穴をあける。
2 ジップロックに鶏肉、紅茶、生姜を入れてもみ込む。
3 袋を密封し、水から鍋に入れて火にかけ、沸騰したら火を止める。
4 約 30 分放置したら袋から取り出し、食べやすい大きさに切る。

夏

＼ お麸サイド ／

麸のチャンプルー

＜栄養価（1 食分）＞

エネルギー 315kcal	たんぱく質 19.8g	脂質 14.1g	炭水化物 26.7g	食物繊維総量 3.5g	カルシウム 61mg
鉄 3.5mg	レチノール活性当量 133μg		ビタミンB1 0.39mg	ビタミンB2 0.40mg	ビタミンC 231mg

材料（1 食分）

麸…15g
豆乳…100ml
卵…1/2 個
アスパラ…2 本
パプリカ（赤・黄）…各 1/2 個
ロースハム…2 枚
しょうゆ…小さじ 1
砂糖…小さじ 1
酒…小さじ 1
ごま油…小さじ 1
七味…適量
刻みねぎ…適量

作り方

1 麸を豆乳につけ、柔らかくなるまで豆乳をしっかりと染み込ませる。
2 しょうゆ、砂糖、酒を合わせておく。
3 アスパラを 4cm 程度に切り、パプリカ、ロースハムは幅 4cm 程度の細切りにする。
4 ボウルに卵を割り入れてよくかき混ぜ、1 で戻した麸に溶き卵を絡める。
5 熱したフライパンにごま油をひき、4 を焼く。表面がきつね色になったら一度取り出す。
6 5 のフライパンに、ロースハム、アスパラ、パプリカを入れて、火が通ったら、4 で取り出した麸と 2 の調味料を加え、さっと炒める。
7 仕上げに七味と刻みねぎをかける。

＼魚介密集酢飯／

魚介たっぷり酢飯ご飯

＜栄養価（1食分）＞　※栄養価計算にわさびは含まれていません

エネルギー 876kcal	たんぱく質 46.6g	脂質 11.3g	炭水化物 137.4g	食物繊維総量 6.3g	カルシウム 298mg
鉄 18.4mg	レチノール活性当量 62μg		ビタミンB1 0.42mg	ビタミンB2 0.26mg	ビタミンC 16mg

材料（1食分）

米…1合
水…調味料も合わせて1合目盛まで
白身魚（生 or 冷凍）…1切れ
あさり(水煮or冷凍)…1/2カップ
しらす…大さじ3
まいたけ…1/2パック
枝豆（冷凍：さやつき）…1カップ
いりごま…大さじ1　酢…大さじ2
だし顆粒…小さじ1/2
おろし生姜…小さじ1/2
酒…大さじ1　みりん…大さじ1
（わさび…少量）
※カップは炊飯器用を使用

作り方

1 米を洗って炊飯器に入れ、30分浸水させておく。水は1合目盛より少なめに入れておく。
2 浸水させている間に具材と調味料を量る。枝豆を解凍し、さやから取り出す。まいたけは食べやすい大きさに手でちぎっておく。
3 炊飯器に調味料をすべて入れて混ぜ、1合目盛まで水を入れる。
4 枝豆以外の具材を炊飯器に入れて炊く。
5 炊き上がったら、枝豆を混ぜて完成。好みでわさびをつけてもよい。

※彩りを考えて枝豆を炊きあがり後に混ぜたが、冷凍のまま、他の具材と一緒に入れて炊いてもOK

＼アジア制覇丼／

ガパオライス

＜栄養価（1食分）＞

エネルギー 978kcal	たんぱく質 40.3g	脂質 26.7g	炭水化物 135.5g	食物繊維総量 6.2g	カルシウム 109mg
鉄 5.3mg	レチノール活性当量 230μg		ビタミンB1 0.57mg	ビタミンB2 0.53mg	ビタミンC 7mg

材料（1食分）

米…1合
水…調味料も合わせて1合目盛まで
合いびき肉…80g
大豆水煮…1/3カップ
ミックスベジタブル…1/2カップ
オイスターソース…小さじ2
酢…小さじ2　しょうゆ…小さじ1
砂糖…小さじ1
鶏ガラスープの素orコンソメ…小さじ1/2
おろしにんにく…小さじ1/2　卵…1個
※カップは炊飯器用を使用

作り方

1 米を洗って炊飯器に入れ、30分浸水させておく。水は1合目盛より少なめに入れておく。
2 浸水させている間に具材と調味料を量る。
3 炊飯器に調味料をすべて入れて混ぜる。1合目盛まで水を入れて炊く。
4 深めの皿に水をはり、卵を割り入れてレンジで1分温め、温泉卵を作る。
5 炊き上がったら、温泉卵をのせて完成。

＼ エビス顔カレー ／

エビとオクラのカレー

＜栄養価（1 食分）＞

エネルギー 851kcal	たんぱく質 22.6g	脂質 16.0g	炭水化物 148.4g	食物繊維総量 4.2g	カルシウム 108mg
鉄 1.7mg	レチノール活性当量 63μg		ビタミンB1 0.18mg	ビタミンB2 0.13mg	ビタミンC 51mg

材料（1 食分）

カレールー…1 かけ
エビ…60g
サラダ油…小さじ 1/4
オクラ…2 本
玉ねぎ…1/5 個
セロリ…1/10 本
パプリカ…1/5 個
サラダ油…小さじ 1/4
水…150ml
ごはん…1 合
ターメリックパウダー
…小さじ 1/2
バター…5g

作り方

1 炊飯器に洗った米と通常量の水を入れ、ターメリックパウダーとバターを加えて炊く。
2 エビは殻をむいて背ワタを取る。
3 オクラを半分の長さに切り、玉ねぎとセロリはみじん切り、パプリカは細切りにする。
4 鍋に油を熱し、エビを加える。色が変わるまで炒め、取り出しておく。
5 4の鍋に油を加え、3の玉ねぎとセロリを入れて炒める。
6 水を加え、沸騰したらアクを取る。弱火～中火で約 10 分煮込む。
7 火をいったん止め、ルーを入れてよく溶かす。3のオクラとパプリカを加え、再び弱火でとろみがつくまで煮込む。
8 4のエビを加え、ひと煮立ちさせる。

＼ポパイカレー／

ほうれん草カレー

<栄養価（1食分）>

エネルギー 1057kcal	たんぱく質 42.1g	脂質 22.8g	炭水化物 166.6g	食物繊維総量 9.7g	カルシウム 218mg
鉄 3.9mg	レチノール活性当量 542μg		ビタミンB1 0.49mg	ビタミンB2 0.59mg	ビタミンC 51mg

材料（1食分）

玉ねぎ…1/2個
おろしにんにく…小さじ1/4
おろし生姜…小さじ1
サラダ油…小さじ1
鶏もも肉…1/2枚
塩…少々　こしょう…少々
トマト水煮…1/2缶（150g）
なす…1/2本
カレールー…1かけ
水…1/2カップ
ほうれん草（冷凍）…80g
牛乳…60ml　ごはん…350g

作り方

1 玉ねぎをみじん切りにし、なすは乱切りにする。鶏もも肉は食べやすい大きさに切る。
2 ほうれん草と水をミキサーにかける。
3 鍋に油、にんにく、生姜、玉ねぎを入れて炒める。
4 鶏もも肉を入れ、塩とこしょうをふる。
5 トマト缶を入れ、沸騰してきたらカレールーを入れて溶かす。
6 なすを入れ、火が通ってきたら、2を入れる。
7 食べる直前に牛乳を入れ、ひと煮立ちさせたら、ごはんと一緒に盛る。

冷汁ベース

材料（1食分）

だし汁…200ml
味噌…大さじ1と1/2
すりごま…大さじ1

作り方

1. 1ℓの水にだしパックを入れて沸騰させ、だしを取る。
2. だし汁に味噌を溶かす。こし器を使うと早く溶け、だまになりにくい。
3. 1.2ℓになるまで氷を入れる。
4. すりごまを入れてかき混ぜる。

※P181、182のベースとなるスープストック

＼ クール豚ヌードル ／

レモンと豚の冷汁麺

＜栄養価（1 食分）＞

エネルギー 893kcal	たんぱく質 34.5g	脂質 25.3g	炭水化物 126g	食物繊維総量 9.3g	カルシウム 238mg
鉄 3.8mg	レチノール活性当量 297μg		ビタミンB1 0.76mg	ビタミンB2 0.32mg	ビタミンC 13mg

材料（1 食分）

冷汁ベース…1 食分
豚肩ロース…80g
根菜類（真空パック）
　…100g
レモン果汁
　…小さじ 1/2 ～ 1
刻みねぎ…少々
そうめん…3 束

作り方

1 豚肉をゆでる。
2 根菜類を水で洗い、器に移す。ラップをかけてレンジで 1 分ほど温め、冷ましておく。
3 1と2を合わせておく。
4 そうめんを沸騰した湯でゆで、冷水で洗って冷やしておく。
5 深めの器にそうめんを入れ、冷汁だしをそそぐ。1と2をのせ、刻みねぎをトッピングする。
6 仕上げにレモン果汁をかけたらでき上がり。

＼ クールツナヌードル ／

ツナの冷汁麺

＜栄養価（1食分）＞

エネルギー 843kcal	たんぱく質 32.6g	脂質 25.0g	炭水化物 117g	食物繊維総量 6.7g	カルシウム 211mg
鉄 3.4mg	レチノール活性当量 12μg		ビタミンB1 0.22mg	ビタミンB2 0.13mg	ビタミンC 3mg

材料（1食分）

冷汁ベース…1食分
ツナ缶…1缶（70g）
きゅうり…20g
みょうが…1/2個
そうめん…3束

作り方

1 きゅうりを輪切りにする。
2 みょうがを千切りにし、水にさらしておく。
3 そうめんを沸騰した湯でゆで、冷水で洗って冷やしておく。
4 深めの器にそうめんを入れ、冷汁をそそぐ。1、2、ツナをトッピングする。

＼ 紅の情熱ライス ／

タコライス

<栄養価（1 食分）>					
エネルギー 991kcal	たんぱく質 33.6g	脂質 25.8g	炭水化物 149.7g	食物繊維総量 7.9g	カルシウム 185mg
鉄 3.8mg	レチノール活性当量 500μg		ビタミンB1 0.88mg	ビタミンB2 0.40mg	ビタミンC 57mg

材料（1 食分）

ごはん…1 合
豚ひき肉…80g
玉ねぎ…1/2 個
にんじん…1/4 本
ピーマン…1 個
大豆水煮…20g
おろしにんにく
…小さじ 1/2
ケチャップ…大さじ 1
トマトピューレ…大さじ 2
コンソメ…1 個
スイートチリソース
…大さじ 1
こしょう…少々
サラダ油…小さじ 1
レタス…1 枚
トマト…1/3 個
チーズ（細切り）…15g

作り方

1 みじん切りにした玉ねぎ、にんじん、ピーマン、豚ひき肉を油で炒める。
2 大豆とにんにく、調味料を入れ、味つけをする。
3 皿にごはんを盛り、ちぎったレタスをしく。2をのせ、角切りにしたトマトとチーズをトッピングしたら完成。

＼コールスローフォワード／

さっぱりコールスロー

<栄養価（1食分）>					
エネルギー 195kcal	たんぱく質 5.1g	脂質 11.7g	炭水化物 19.4g	食物繊維総量 3.6g	カルシウム 60mg
鉄 0.6mg	レチノール活性当量 151μg		ビタミンB1 0.19mg	ビタミンB2 0.10mg	ビタミンC 62mg

材料（1食分）

キャベツ…1.5枚　にんじん…20g
きゅうり…20g　塩…2g（あとで絞る）
コーン（冷凍）…20g　ハム…1枚
グレープフルーツ…20g
りんご…20g
＊マヨネーズ…大さじ1
＊酢…小さじ1/2　＊砂糖…2g
＊こしょう…少々

作り方

1. キャベツとにんじんを細かい角切りに、きゅうりは輪切りにし、塩でもむ。
2. りんごをいちょう切り、グレープフルーツは食べやすい大きさに切る。
3. ハムを短冊切りする。
4. 水気を絞った1に2、3、コーンを入れ、＊と和えて冷やす。

＼すっぱいもサラダ／

梅干し入りポテトサラダ

<栄養価（1食分）>

エネルギー 389kcal	たんぱく質 12.2g	脂質 15.4g	炭水化物 52.0g	食物繊維総量 4.7g	カルシウム 41mg
鉄 2.4mg	レチノール活性当量 67μg		ビタミンB1 0.46mg	ビタミンB2 0.17mg	ビタミンC 117mg

材料（1食分）

じゃがいも…中2個
きゅうり…1/3本
ロースハム…2枚
梅干し…2個
鰹節…1g
マヨネーズ…大さじ1
豆乳…大さじ2
大葉…4枚
ミニトマト…4個

作り方

1 じゃがいもの皮をむき、一口大に切る。水につけてアクを抜いてから耐熱容器に入れ、ラップをかけて柔らかくなるまで（3～5分）レンジで加熱する。柔らかくなったらつぶす。
2 きゅうりを薄くスライスし、大葉は千切りに、ロースハムは1cmの角切り、梅干しは種を取ってみじん切りにする。
3 1に豆乳、マヨネーズを混ぜ、ラップをかけて冷蔵庫で冷やす。
4 3にきゅうり、ロースハム、梅干し、鰹節を混ぜて皿に盛りつける。大葉をのせ、ミニトマトを添えたら完成。

＼ 横たわりビーフ ／

ビーフティッカ

＜栄養価（1食分）＞

エネルギー 451kcal	たんぱく質 34.5g	脂質 27.0g	炭水化物 13.2g	食物繊維総量 1.8g	カルシウム 68mg
鉄 5.4mg	レチノール活性当量 30µg		ビタミンB1 0.16mg	ビタミンB2 0.40mg	ビタミンC 6mg

材料（1食分）

牛肉（肩ロース）…170g
塩…少々　こしょう…少々
＊プレーンヨーグルト…大さじ２
＊カレー粉…小さじ２
＊砂糖…小さじ１
＊ケチャップ…大さじ１
＊おろしにんにく…小さじ 1/2
＊おろし生姜…小さじ 1/2
サラダ油…小さじ 1/2

作り方

1 味がよく染み込むように、フォークで肉に穴をあける。焼いた時に縮まないように、筋がある場合は切り込みを入れる。
2 肉に塩こしょうで下味をつける。
3 ポリ袋に＊を入れ、よく混ぜる。
4 3に肉を入れ、味が染み込むように、よくもみ込む。
5 冷蔵庫で１～２時間程度寝かせる。
6 熱したフライパンに油をひき、肉を入れる。片面に焼き色がついたらひっくり返して蓋をし、中に火が通るまで弱火で蒸し焼きにする。

夏

＼ピリ辛魚介の楽園／

ピリ辛魚介スープ

<栄養価（1 食分）>

エネルギー 154kcal	たんぱく質 19.7g	脂質 4.8g	炭水化物 7.8g	食物繊維総量 1.7g	カルシウム 112mg
鉄 2.7mg	レチノール活性当量 10μg		ビタミンB1 0.11mg	ビタミンB2 0.19mg	ビタミンC 7mg

材料（1 食分）

木綿豆腐（絹でも可）…30g
シーフードミックス…120g
長ねぎ…1/5 本
しめじ…1/5 パック
＊水…250ml
＊鶏ガラスープの素…小さじ 1
＊豆板醤…小さじ 1/2
＊しょうゆ…小さじ 1/2
＊砂糖…小さじ 1/2
＊酒…小さじ 1/2
＊いりごま…小さじ 1/2
＊ごま油…小さじ 1/2
＊おろしにんにく…小さじ 1/2
＊おろし生姜…小さじ 1/2

作り方

1 豆腐、ねぎを一口大に切っておく。しめじは石づきを切り、さいておく。
2 鍋に＊を入れ、沸騰したら弱火にし、シーフードミックスを加えて煮込む。
3 火が通ったら 1 の具材を入れ、少し煮込んで完成。

りんご酢&グレープフルーツ

<栄養価（1杯分）>

エネルギー 79kcal	たんぱく質 0.8g	脂質 0.1g
炭水化物 20.5g	食物繊維総量 0.2g	カルシウム 10mg
鉄　0.3mg	レチノール活性当量 10μg	
ビタミンB1 0.06mg	ビタミンB2 0.02mg	ビタミンC 56mg

材料（1杯分）

グレープフルーツジュース…100ml
りんご酢…小さじ1
レモン果汁…小さじ1
はちみつ…小さじ2
水…100ml

作り方

1 材料をすべてコップに入れてかき混ぜる。

フルーツヨーグルトスムージー

<栄養価（1杯分）>

エネルギー 296kcal	たんぱく質 6.9g	脂質 4.7g
炭水化物 59.0g	食物繊維総量 3.9g	カルシウム 216mg
鉄　0.7mg	レチノール活性当量 56μg	
ビタミンB1 0.08mg	ビタミンB2 0.25mg	ビタミンC 73mg

材料（1杯分）

キウイ…1個
もも…100g
ヨーグルト…150g
はちみつ…大さじ1
氷…5個

作り方

1 キウイの皮をむく。
2 すべての材料をミキサーにかける。

夏

豆乳抹茶ラテ

<栄養価（1杯分）>		
エネルギー 180kcal	たんぱく質 10.2g	脂質 9.2g
炭水化物 15.2g	食物繊維総量 3.4g	カルシウム 98mg
鉄　3.7mg	レチノール活性当量 96μg	
ビタミンB1 0.17mg	ビタミン B2 0.11mg	ビタミン C 2mg

材料（1 杯分）

豆乳…200ml
黒みつ…小さじ 2
抹茶…小さじ 2
きな粉…大さじ 1

作り方

1 抹茶を少量の熱湯で溶かしておく。
2 グラスにすべての材料を入れ、よく混ぜる。

梅サイダー

<栄養価（1杯分）>		
エネルギー 25kcal	たんぱく質 0.2g	脂質 0.1g
炭水化物 6.1g	食物繊維総量 0.3g	カルシウム 7mg
鉄　0.3mg	レチノール活性当量 0μg	
ビタミンB1 0mg	ビタミン B2 0mg	ビタミン C 0mg

材料（1 杯分）

梅干し…1 個
メープルシロップ…小さじ 1
炭酸水…150ml
氷…適量

作り方

1 梅干しの種を取りのぞいて叩く。
2 コップに 1 とメープルシロップを入れ、炭酸水を少し加えて混ぜる。
3 残りの炭酸水を注ぐ。

＼バラバラ豚／

白菜と豚バラのガーリックごま味噌和え

<栄養価（1食分）>					
エネルギー 332kcal	たんぱく質 10.5g	脂質 25.5g	炭水化物 14.8g	食物繊維総量 3.3g	カルシウム 142mg
鉄 1.7mg	レチノール活性当量 160μg		ビタミンB1 0.34mg	ビタミンB2 0.14mg	ビタミンC 26mg

材料（1食分）

白菜…130g
豚バラ…50g
にんじん…20g
＊味噌…小さじ1
＊はちみつ…小さじ1
＊ごま油…小さじ1
＊おろしにんにく…小さじ1/2
いりごま…小さじ2

作り方

1 にんじんを4cmくらいの千切りにし、豚バラは一口大に切る。
2 白菜、にんじん、豚バラをゆでる。
3 白菜を一口大に切る。
4 ＊を合わせ、具材と和える。
5 いりごまをまぶして完成。

＼オシャレ豚／

豚肉のグリル　オレンジソース

＜栄養価（1食分）＞

エネルギー 795kcal	たんぱく質 31.6g	脂質 57.2g	炭水化物 31.8g	食物繊維総量 2.4g	カルシウム 84mg
鉄 1.2mg	レチノール活性当量 234μg		ビタミンB1 1.17mg	ビタミンB2 0.30mg	ビタミンC 29mg

材料（1食分）

豚ロース…1枚
酒…小さじ1　塩…少々
こしょう…少々
さつまいも…輪切り4枚
オレンジ…輪切り1枚（皮なし）
＊バター…5g
＊生クリーム…50ml
＊粒マスタード…大さじ1/2
＊オレンジ果汁…小さじ1
＊レモン果汁…2ふり　＊塩…少々

作り方

1 豚肉を酒につける。
2 さつまいもを輪切りにする。オレンジは輪切りにしてから4つに切り、皮を取りのぞく。
3 フライパンで豚肉を焼き、塩とこしょうをふって取り出す。
4 3のフライパンにさつまいもを入れて炒める。
5 ＊とオレンジを鍋に入れ、火にかける。
6 豚肉とさつまいもを盛りつけ、5をかける。

＼いわしみず君／

鰯のつみれ汁

＜栄養価（1食分）＞

エネルギー 201kcal	たんぱく質 14.9g	脂質 6.0g	炭水化物 22.1g	食物繊維総量 5.7g	カルシウム 102mg
鉄 2.0mg	レチノール活性当量 368μg		ビタミンB1 0.14mg	ビタミンB2 0.35mg	ビタミンC 14mg

材料（1食分）

鰯…60g
＊おろし生姜…小さじ1
＊酒…小さじ1/2
＊塩…少々
＊小麦粉…大さじ1/2
だいこん…1cm
にんじん…1/4本
ごぼう…1/4本
しめじ…1/4袋
三つ葉…適量
昆布…1枚
薄口しょうゆ…小さじ1と1/2
水…300ml

作り方

1 鰯を下ごしらえし、包丁で細かく刻んで、さらに叩く。
2 だいこんとにんじんの皮をむき、半月切りにする。ごぼうは厚さ5mmほどの斜め切りにし、しばらく水にさらして水気を切る。
3 しめじは石づきを取り、ほぐしておく。
4 鍋に昆布を入れ、煮立ったら取り出す。
5 薄口しょうゆを加えて火にかける。2の材料を入れてアクを取りながら、柔らかくなるまで煮る。
6 1をボウルに入れ、すりつぶす。
7 粘りが出たら＊を加え、よく混ぜる。
8 5にしめじを加えて煮立った中に、7を一口大の形に作りながら加えていく。
9 つみれに火が通ったら火を止めて器に盛り、三つ葉をのせる。

秋・冬

＼南国の雪まみれ／

さつま揚げのおろし和え

＜栄養価（1食分）＞

エネルギー 125kcal	たんぱく質 8.6g	脂質 4.0g	炭水化物 13.9g	食物繊維総量 2.2g	カルシウム 55mg
鉄 0.8mg	レチノール活性当量 9μg		ビタミンB1 0.10mg	ビタミンB2 0.10mg	ビタミンC 13mg

材料（1食分）

さつま揚げ…小 1.5 枚
だいこん…100g
なめたけ…20g
ツナ…1/8 缶（10g）
かいわれ…5g

作り方

1 だいこんをおろして水気を切り、なめたけ、ツナを混ぜ合わせる。
2 さつま揚げを食べやすい大きさに切り、1と和える。
3 かいわれを入れ、軽く和えたら完成。

＼ディフェンス煮／

土手煮

<栄養価（1食分）>　※栄養価計算に刻みねぎと七味は含まれていません

エネルギー 312kcal	たんぱく質 39.9g	脂質 1.7g	炭水化物 30.9g	食物繊維総量 5.0g	カルシウム 112mg
鉄 4.5mg	レチノール活性当量 3μg		ビタミンB1 0.25mg	ビタミンB2 0.17mg	ビタミンC 12mg

材料（1食分）

鮪…150 g
こんにゃく …130g
だいこん…100g
八丁味噌（または赤味噌）
… 大さじ1
砂糖…大さじ1
酒…大さじ1
みりん…大さじ1
ほんだし…小さじ1/2
刻みねぎ、七味…適量

作り方

1 だいこんを厚さ1cmのいちょう切り、こんにゃくは薄く切ってねじりこんにゃくに、鮪は2㎝の角切りにする。
2 大根とこんにゃくを軽く下ゆでする。
3 鍋に調味料をすべて入れ、よく混ぜる。こんにゃく、だいこんを入れて沸騰したら、中弱火で落とし蓋をして約20分煮込む。
4 具材に味が染み込んだら鮪を入れ、火が通ったら完成。お好みで刻みねぎと七味をかける。

＼ きのこ三昧 ／

きのこのサラダ

＜栄養価（1 食分）＞

エネルギー 144kcal	たんぱく質 9.0g	脂質 6.2g	炭水化物 19.9g	食物繊維総量 6.8g	カルシウム 24mg
鉄 1.9mg	レチノール活性当量 16μg		ビタミンB1 0.26mg	ビタミンB2 0.33mg	ビタミンC 3mg

材料（1 食分）

えのき…1/2 袋
まいたけ…1/2 パック
しめじ…1/4 袋
エリンギ…1/2 本
ちくわ…20g
＊レモン果汁…小さじ 1
＊味噌…大さじ 1
＊砂糖…小さじ 1
＊オリーブオイルまたはサラダ油…小さじ 1
＊しょうゆ…小さじ 1
＊小口とうがらし…少々

作り方

1 えのき、しめじの石づきを切る。えのきを 1/2 の長さに切り、まいたけとしめじは食べやすい大きさにさいておく。エリンギは3mm程度の拍子切りにする。
2 ちくわは縦半分にし、3mm 程度の薄切りにする。
3 耐熱皿に1と2を入れ、レンジで 2 分ほど温める。
4 ＊を合わせておく。
5 4に3で温めたきのことちくわを入れる。よく混ぜ合わせ、冷蔵庫で冷やして完成。

整腸

コンディショニング

＼ こーじ君の塩対応鍋 ／

塩麹レモン鍋 ～おろしだれ添え～

＜栄養価（1食分）＞

エネルギー 1343kcal	たんぱく質 58.8g	脂質 53.8g	炭水化物 152.1g	食物繊維総量 13.7g	カルシウム 459mg
鉄 5.3mg	レチノール活性当量 338μg		ビタミンB1 1.73mg	ビタミンB2 0.68mg	ビタミンC 138mg

材料（1食分）

豚ロース（薄切り）…8枚
キャベツ…1.5枚　にんじん…1/8本
長ねぎ…1/4本　水菜…大1茎
チンゲン菜…1/3株
えのき…1/2袋
木綿豆腐…1/3丁　塩麹…大さじ1
レモン…1/2個（皮なし）
水…50ml
＜おろしだれ＞
だいこん…100g
すりごま…大さじ1
オイスターソース…小さじ1
ごま油…小さじ1
めんつゆ…大さじ2
＜〆の雑炊＞
ごはん…1合　とろけるチーズ…1枚

作り方

1 キャベツ、にんじん、長ねぎを千切りにする。
2 水菜を5cm幅に切る。
3 えのきをほぐす。
4 チンゲン菜を食べやすい大きさに切る。
5 豆腐をひと口大に切る。
6 1と2を合わせ、豚肉で巻く。
7 レモンを輪切りにする。
8 鍋に水と塩麹を入れる。
9 6とえのき、チンゲン菜、豆腐を鍋に入れ、隙間にレモンをのせる。
10 豚肉に火が通ったら完成。
＜おろしだれ＞だいこんをおろして軽く水気を切ったら、その他の材料を入れて混ぜる。

＜〆の雑炊＞鍋にごはんを入れる。ほぐしたらチーズをのせ、とろけたら完成。

＼オールブラックス鍋／

黒黒坦々鍋

＜栄養価（1食分）＞

エネルギー 919kcal	たんぱく質 54.1g	脂質 60.9g	炭水化物 41.1g	食物繊維総量 15.3g	カルシウム 835mg
鉄 10.7mg	レチノール活性当量 529μg		ビタミンB1 0.66mg	ビタミンB2 0.73mg	ビタミンC 56mg

材料（1食分）

＜鍋具材＞
にんじん…1/4本　キャベツ…1枚
長ねぎ…1/2本　豆もやし…1/2袋
えのき…1/3袋　ニラ…1/4束
厚揚げ…小1枚
＜鶏ひじき団子＞
鶏ひき肉…100g　ひじき（乾）…2g
濃口しょうゆ…小さじ1
片栗粉…小さじ1/2　卵…1/2個
＜スープ＞
ごま油…大さじ1　酒…大さじ1/2
鶏ガラスープの素…小さじ1
水…400ml　みりん…大さじ1
練りごま（黒）…大さじ1と1/2
しょうゆ…大さじ1　豆板醤…小さじ1
おろし生姜…小さじ1
おろしにんにく…小さじ1　味噌…大さじ1

作り方

1 にんじんを5mm幅の輪切り、キャベツとニラはざく切り、長ねぎは斜め切りにする。厚揚げはひと口大に切る。
2 ひじきを水で戻し、鶏ひじき団子の材料をきれいなビニール袋に入れてよく混ぜる。
3 鍋にスープの材料をすべて入れて混ぜる。
4 3にニラ以外の野菜を入れ、火にかける。
5 スープが沸騰する直前で火を弱め、2のビニール袋の端を切る。少しずつ絞り出してスプーンですくい、鍋に入れる。
6 ニラも入れ、鶏ひじき団子に火が通ったら完成。

＼タックル鶏／

チキン南蛮

＜栄養価（1食分）＞ ※栄養価計算にパセリは含んでいません					
エネルギー 593kcal	たんぱく質 30.2g	脂質 34.2g	炭水化物 38.6g	食物繊維総量 2.1g	カルシウム 105mg
鉄 2.6mg	レチノール活性当量 203μg		ビタミンB1 0.21mg	ビタミンB2 0.46mg	ビタミンC 28mg

材料（1食分）

鶏胸肉…1/2枚　甘酒…大さじ1
片栗粉…大さじ2
サラダ油…大さじ1
レタス…1枚　ミニトマト…6個
＜甘酢＞
甘酒…大さじ4
しょうゆ… 大さじ1/2
酢…大さじ1/2
＜ヨーグルトタルタルソース＞
ゆで卵…1個　玉ねぎ…1/8個
ヨーグルト…大さじ2
マヨネーズ…大さじ1
こしょう…少々　パセリ…少々

作り方

1 鶏胸肉と甘酒をビニール袋に入れ、冷蔵庫で寝かす。
2 ゆで卵と玉ねぎをみじん切りにし、玉ねぎを水でさらす。
3 タルタルソースの材料をすべて一緒にして混ぜる。
4 甘酢の材料を合わせておく。
5 鶏肉に片栗粉をまぶし、フライパンに油をひいて揚げ焼きにする。
6 鶏肉に火が通ったら、4をまわし入れて絡める。
7 皿にレタスをしき、チキン南蛮をのせる。ソースをかけ、ミニトマトを添えて完成。

＼オクトパスガーデン／

酒粕とタコのサラダ

＜栄養価（1食分）＞

エネルギー 177kcal	たんぱく質 23.9g	脂質 4.6g	炭水化物 7.2g	食物繊維総量 1.3g	カルシウム 34mg
鉄 0.6mg	レチノール活性当量 64μg		ビタミンB1 0.08mg	ビタミンB2 0.11mg	ビタミンC 13mg

材料（1食分）

トマト…1/2個
タコ…100g
大葉…2枚
酒粕…小さじ1
マヨネーズ…小さじ1
しょうゆ…小さじ1
酒…小さじ1
わさび…小さじ1/4

作り方

1 酒粕と酒を混ぜ合わせる。レンジで1分加熱してアルコールをとばし、冷蔵庫で冷やす。
2 トマトとタコを乱切りにする。大葉を適当な大きさにちぎる。
3 1にマヨネーズとわさびを混ぜる。最後にしょうゆを混ぜ、ソースを作る（しょうゆを入れた時に、だまにならないように注意）。
4 具材とソースを絡めたら完成。

＼ジャパングラタン／

根菜の和風めんたいグラタン

＜栄養価（1 食分）＞　※栄養価計算に刻み海苔は含まれていません

エネルギー 472kcal	たんぱく質 34.0g	脂質 17.7g	炭水化物 43.5g	食物繊維総量 5.2g	カルシウム 363mg
鉄 3.2mg	レチノール活性当量 124μg		ビタミンB1 0.38mg	ビタミンB2 0.36mg	ビタミンC 60mg

材料（1 食分）

れんこん…1/3 節　ごぼう…1/6 本
さといも…中 1 個
＊白だし…大さじ 1　＊水…200ml
＊砂糖…小さじ 1
＊みりん…小さじ 1　＊酒…小さじ 1
長ねぎ…1/3 本　イカ…50g
小麦粉…小さじ 1　豆乳…150ml
明太子…1/2 本
とろけるチーズ…40g
刻み海苔…適量

作り方

1 野菜とイカを一口大に切る。
2 れんこん、ごぼう、さといも、＊を鍋に入れ、汁がなくなるまで煮る。
3 ねぎとイカを焦げ目がつくまで焼く。
4 3 を 2 の鍋に入れ、小麦粉を全体にまぶす。
5 豆乳を入れ、とろみがつくまで煮込む（時々混ぜる）。
6 火を止め、明太子を入れて混ぜる。
7 グラタン皿に盛りつけてチーズをかけ、トースターで 10 分焼く。
8 刻み海苔をかけて完成。

筋量 UP
丈夫な骨作り
整 腸

整腸

＼レン・ジブーニ／

れんこんの団子の治部煮

＜栄養価（1食分）＞

エネルギー 265kcal	たんぱく質 16.5g	脂質 1.6g	炭水化物 48.4g	食物繊維総量 5.5g	カルシウム 62mg
鉄 1.4mg	レチノール活性当量 350μg		ビタミンB1 0.27mg	ビタミンB2 0.15mg	ビタミンC 82mg

材料（1食分）

れんこん…150g
片栗粉…大さじ1
鶏胸肉…50g
しいたけ…1個
にんじん…1/4本
だいこん…1/4本
＊水…200ml
＊顆粒だし…小さじ1/2
＊しょうゆ…小さじ1
＊みりん…小さじ1
わさび…適量

作り方

1 しいたけの石づきを取り、半分に切る。にんじんとだいこんは厚さ3mm程度のいちょう切りにする。鶏肉は一口大に切り、片栗粉をまぶしておく。
2 れんこんをすりおろし、水気を絞る。
3 2に片栗粉を入れてよくこね、団子を3個作る。
4 沸騰した湯に3を入れ、表面が固まったら取り出す。
5 鍋に＊、にんじん、しいたけ、だいこん、4を入れて煮立たせる。
6 鶏肉の片栗粉を軽くはたきながら鍋に加え、鶏肉に火を通す。
7 仕上げにわさびを添える。

＼豆いもゴロリメシ／

黒豆さつまいも玄米ごはん

＜栄養価（1食分）＞					
エネルギー 804kcal	たんぱく質 19.7g	脂質 8.3g	炭水化物 159.5g	食物繊維総量 10.2g	カルシウム 97mg
鉄 4.5mg	レチノール活性当量 3μg		ビタミンB1 0.67mg	ビタミンB2 0.13mg	ビタミンC 26mg

材料（1食分）

玄米…1/2合
白米…1/2合
黒米…小さじ1と1/2
黒豆…25g
さつまいも
　…小1/2本（100g）
塩…少々

作り方

1 米と玄米を研いでおく。
2 さつまいもを1cm程度の角切りにする。
3 黒豆を中火で4分ほど、皮が少し割れるまでいる。
4 玄米、白米、黒米、黒豆、さつまいもを炊飯器に入れ、水（2合より少し多め2.3合くらい）をそそぎ、通常モードで炊飯する。最後に塩を混ぜ、好みの味に仕上げる。

※熱したフライパンで黒豆をいることで、炊いたときに香りが出ておいしくなる

＼幸せのミルキーシチュー／

ミルクたっぷり簡単シチュー

＜栄養価（1食分）＞　※栄養価計算にパセリは含まれていません

エネルギー 575kcal	たんぱく質 32.2g	脂質 30.4g	炭水化物 43.3g	食物繊維総量 6.9g	カルシウム 415mg
鉄 1.9mg	レチノール活性当量 557μg		ビタミンB1 0.43mg	ビタミンB2 0.79mg	ビタミンC 131mg

材料（1食分）

＊じゃがいも…1/2個
＊玉ねぎ…1/4個
＊にんじん…1/4本
＊鶏もも肉…100g
＊キャベツ…1枚
ブロッコリー…4房
パセリ…少々
小麦粉…大さじ1/2
牛乳…300ml
コンソメ…小さじ1
こしょう…少々
サラダ油…小さじ1

作り方

1 ＊をそれぞれ一口大に切る。
2 鍋に油をひき、1を入れる。こしょうをふってよく炒めていき、玉ねぎが透明になってきたら、火を止める。
3 鍋の火を止めたまま小麦粉をふり入れ、混ぜながら全体になじませる。
4 牛乳を入れて軽く混ぜ、そこにコンソメを入れたら火をつける。
5 煮立ってきたら弱火にし、ブロッコリーを入れて煮込む。
6 とろみがついたら、こしょうで味を調え、パセリをのせる。

筋量UP
丈夫な骨作り
コンディショニング

＼ もちの肉まとい ／

肉巻きもち

＜栄養価（4本分）＞

エネルギー 405kcal	たんぱく質 19.8g	脂質 16.4g	炭水化物 41.8g	食物繊維総量 3.2g	カルシウム 56mg
鉄 0.8mg	レチノール活性当量 243μg		ビタミンB1 0.63mg	ビタミンB2 0.20mg	ビタミンC 7mg

材料（8本分）

豚ロース（薄切り）…8枚
切りもち…2個
オクラ…8本
にんじん…1/3本
焼肉のたれ…大さじ3

作り方

1 にんじんを5cmの長さの拍子切りにし、レンジで1分30秒加熱する。オクラは縦1/2に切る。もちは縦に4等分に切っておく。
2 にんじん、オクラ、もちを豚ロースで巻く。
3 強火で両面を焼く。その後、中火で蓋をし、時々裏返して様子を見る。もちと豚肉に火が通ったら（約10分）、焼肉のたれで味つけをして完成。

＼陸と海の団結鍋／

鶏鱈ちり鍋

＜栄養価（1食分）＞

エネルギー 524kcal	たんぱく質 49.2g	脂質 18.2g	炭水化物 32.1g	食物繊維総量 4.6g	カルシウム 155mg
鉄 2.5mg	レチノール活性当量 129μg		ビタミンB1 0.34mg	ビタミンB2 0.44mg	ビタミンC 12mg

材料（1食分）

鶏もも肉…100g　鱈…120g
塩…適量　ニラ…1/5束
レタス…1/5玉　はんぺん…3/5枚
油揚げ…2/5枚　まいたけ…40g
ぎんなん…2粒
糸こんにゃく…50g
だし昆布…2cm
水…240ml
*酒…大さじ1と1/2
*みりん…大さじ1
*砂糖…大さじ1/2
*しょうゆ…大さじ1

作り方

1 水にだし昆布を入れて煮込み、*を加えて味を調える。
2 鶏肉を一口大に切る。
3 鱈を洗い、水気を拭き取ってから、一口大に切って塩を適量まぶす。
4 ニラ、レタス、はんぺん、油揚げ、まいたけを一口大に切る。
5 鶏肉と鱈をそれぞれ熱湯に通し、鱈は引き上げ、冷水に通す。
6 1に4 5の材料を入れ、煮立たせる。
7 ぎんなん、糸こんにゃくを入れ、軽く煮立たせる。

＼ 五右衛門うどん ／

豆乳味噌煮込みうどん

<栄養価（1 食分）>

エネルギー 951kcal	たんぱく質 48.9g	脂質 38.3g	炭水化物 97.4g	食物繊維総量 14.8g	カルシウム 533mg
鉄 10.1mg	レチノール活性当量 556μg		ビタミンB1 1.22mg	ビタミンB2 0.91mg	ビタミンC 109mg

材料（1 食分）

厚揚げ…1/2 個　まいたけ…1/3 パック
にんじん…30g　だいこん…45g
小松菜…2 束　豚ひき肉…100g
ニラ…2 本　おろし生姜…小さじ 1
ごま油…小さじ 1　酒…小さじ 2
片栗粉…小さじ 2
＊かつおだし…200ml
＊豆乳…200ml　＊味噌…小さじ 2
＊キムチ…250g
＊おろしにんにく…小さじ 1 と 3/4
うどん…1 玉

作り方

1 厚揚げを一口大に切る。まいたけは石づきを取りのぞき、手でさいておく。だいこんとにんじんはいちょう切りにする。小松菜は 4㎝程度の長さに切る。
2 ニラをみじん切りにする。豚ひき肉、生姜、ごま油、酒、片栗粉と一緒にビニール袋に入れ、よくこねる。
3 鍋に＊を入れて混ぜ、1の厚揚げ、だいこん、にんじん、小松菜を加えて火にかける。
4 スープが沸騰する直前で火を弱め、2の団子とまいたけを入れる。
5 最後にうどんを入れて煮込む。

HOTグリーンスムージー

<栄養価（1杯分）>

エネルギー 100kcal	たんぱく質 2.9g	脂質 0.9g
炭水化物 24.0g	食物繊維総量 5.7g	カルシウム 64mg
鉄　2.5mg	レチノール活性当量 423μg	
ビタミンB1 0.16mg	ビタミン B2 0.25mg	ビタミン C 50mg

材料（1杯分）

ほうれん草…3～4本　りんご…1/2個
おろし生姜…チューブ 0.5cm 程
水…100ml

作り方

1 ほうれん草をゆで、水気を絞る。
2 りんごの皮をむく。
3 1、2、生姜、水を入れ、ミキサーにかける。
4 3を耐熱コップに移し、レンジで 30 秒温める。

ウルトラリカバリー

<栄養価（1杯分）>

エネルギー 239kcal	たんぱく質 8.0g	脂質 11.2g
炭水化物 28.4g	食物繊維総量 0.8g	カルシウム 304mg
鉄　0.9mg	レチノール活性当量 76μg	
ビタミンB1 0.15mg	ビタミン B2 0.32mg	ビタミン C 2mg

材料（1杯分）

牛乳…200ml
黒ごま…大さじ1
はちみつ…大さじ1

作り方

1 材料をすべてコップに入れてかき混ぜる。

監修：海老久美子
構成：吉村　淳
料理・カバー写真撮影：本多ジェロ
レシピ制作・栄養計算・調理：近藤知佳、仲山七虹
海崎彩、首藤由佳、村上裕佳子
撮影場所：立命館大学スポーツ健康科学部 RecO Studio
イラスト：齋藤　恵
ブックデザイン：1108GRAPHICS

ジュニアのためのラグビー食《しょく》

Rugby Meal for Junior Players

2018年1月31日　第1版第1刷発行

監　修　海老久美子《えびくみこ》
発行人　池田哲雄
発行所　株式会社ベースボール・マガジン社
〒103-8482 東京都中央区日本橋浜町 2-61-9　TIE 浜町ビル
電話　03-5643-3930（販売部）
03-5643-3885（出版部）
振替口座　00180-6-46620
http://www.bbm-japan.com/

印刷・製本　大日本印刷株式会社

ISBN 978-4-583-11107-0 C2075